꽃은 핀 자리에서 다시 피지 않는다

국립중앙도서관 출판예정도서목록(CIP)

꽃은 핀 자리에서 다시 피지 않는다 : 안영민 시집 / 지은이
: 안영민. -- 대전 : 지혜 : 애지, 2016
p. ; cm. -- (지혜사랑 ; 160)

대전문화재단, 한국문화예술위원회에서 사업비 일부를 지원
받았음
ISBN 979-11-5728-212-8 03810 : ₩9000

한국 현대시[韓國現代詩]

811.7-KDC6
895.715-DDC23 CIP2016025585

지혜사랑 160

꽃은 핀 자리에서 다시 피지 않는다

안영민

지혜

시인의 말

언어를 통하지 않고는
내가 말을 할 수도
네 말을 들을 수도 없다는 것을
뒤늦게 깨닫고
이렇게 너에게 말을 건넨다.

나는 시를 쓰면서도 죽지 않았으므로
시를 읽는 그 누구도 죽어서는 안 된다.

세상은 나를 끊임없이 시험하고
고통의 길로 들어서게 할 것이나
나는 오늘도 문밖의 밝은 빛줄기를 향해
신발 끈을 조여 맨다.

이 시집 붉은새紅潮를 마리아와 미카엘 영전靈前에
바칩니다.

2016년 가을
松雲 안영민

차례

1부 나의 광대

2부 광대의 기도

3부 광대의 소설

4부 광대의 항해

• 일러두기

한 연이 첫 번째 행에서 시작될 때는 > 로 표시합니다.

1부

나의 광대

애매미의 노래

7월이 오면 너는 햇볕이 찢어진 좁은 틈 사이로 머리를 들이밀고 몇 번의 숨이 끊어질 때까지도 고개를 치켜들고 쓰왓쮸쓰왓쮸 멈추지 않는구나 네 소리를 들으면 저 검었던 어둠의 두께를 몇 겹이나 뚫고 지나왔을 깨어진 햇살의 조각들이 끊임없이 공중에 박힌 채 바람을 피해 흔들리고 있다 칼날이 쏟아지는 길거리에서 외줄의 현을 타는 어릿광대도 그렇게 높은 음으로 맨살을 비비진 않았으리 그리도 똑같은 높이로 파도치진 못했으리 나는 고목나무의 수냉이처럼 땡볕에 녹고 있다

너는 무슨 생각을 하며 멈췄다간 울고 또 멈췄다가 울면서 작살처럼 내리쬐는 뙤약볕 사이로 그리도 날이 선 숨결을 불어내는 것이냐 미동도 않다가 푸드덕 날아가는 끊어지지 않을 것 같던 네 소리를 날카로운 칼날로 잘라내면 침묵의 짧은 토막 속에서 더욱 선명해지는 것을

쓰왔쮸~츠르르
너의 연주는 오늘도 잡초가 무성한 지붕위에서 푸른 달빛에 젖고 있다

검은 샹송

1.

가라, 가서 돌아오지 마라! 하얗게 바래지고야 말 검은 시간들아 내 나이 이십 그 눈 내리던 크리스마스이브의 눈발들아 그녀의 발자국조차 쓸어가던 기억들아 켜켜로 쌓아올린 고성의 담벼락같이 오래도록 무너지지도 못하는구나 네 누각은 이미 불타고 너의 불꽃은 어느 저녁 석양의 성벽아래 쓰러지고야 말았구나 가라, 가서 돌아오지 마라! 이제는 너의 소식을 전해줄 어떤 끈도 없다

2.

코스모스 꽃이 그려진 과묵한 청색 대문과 밤새 불 꺼진 채 닫혀있던 이층 창문과 어둡고 습한 전구들이 짝을 지어 껌뻑거리고 필라멘트가 끊어진 외눈박이 전구들이 구석의 짝 없는 테이블 위에서 긴 침묵을 이어갔던 그 밤들과 나의 깊게 패인 등받이를 피해 어두운 구석에서 촛불처럼 불안한 눈길로 서성였던 실연

3.

창밖에는 밤새 잎사귀들을 쓸고 가는 빗소리가 어둠사이를 숨 쉴 틈도 없이 채우고 있구나 가라, 비가 개이면 쓸려간 그 자리를 메우는 잔풀들과 젖었던 성벽을 오르는 넝쿨들 가라, 가서 돌아오지 마라!

꽃씨

네 눈을 보면 셀 수 없이 피었다 지면서 햇살이 따듯한 날에도 나비의 날갯짓에 새파란 비늘을 떼어내며 가늘게 떨고 있어 땅에는 껍질이 얇은 투명한 구슬들이 끊임없이 몽우리 지는 가슴을 끌어안고 꿈틀대고 있다 그럴 때면 나는 새까맣게 갈증이 인다 메말라버린 우물과 끊겨진 물줄기 속에서 너는 왜 바스락거리는 입술을 말아 닫고 이리저리 휘청거리며 너의 향기를 자꾸만 허공으로 뿜어내고 있었을까 낯선 이에게도 열어주어야만 했을 네 옷깃에선 벼랑 끝에 섰던 이삭 냄새가 난다

네 눈을 보면 바람결에 떨고 있는 구슬방울이 고여 껍질 속으로 꽃잎 하나 또 진다

빈들

내가 지나온 거리는 언제나 붐비고 바람은 방향을 잃고 불었다

거리는 바람 속에 멈춰 거기 있었지만 어디선가 불려왔을 바람은 또 어디론가 불려가야만 했고 내 말들은 재갈을 문 채 고삐에 매어 있어야 했다

저 평원을 넘어 고삐 없이 질주를 하고 한 때는 말들로 가득했을 그곳에 이제는 몇 개의 무너져 내리는 웅덩이들과 메말라버린 땅 바닥에 엎드려 물 냄새를 찾는 키 작은 들풀들이 숨을 죽이고 있다

부수어진 사막위로 날카로운 태양이 떠오르고
갈라진 땅위엔 옷자락이 찢겨진 바람만 가득하다
그곳엔 폭포처럼 절벽 아래로 곤두박질치고
날아가지 않고는 어디로도 갈 수 있는 길은 없다

그곳엔 창공만 가득하다

비는 부고訃告에 이름을 올리지 않는다

태호야, 갈매기 한 마리가 밤새 수직으로 궉궉 날았고 나는 하얗게 부서지는 파도의 꿈을 꾸었다 그곳엔 의도를 숨긴 안개가 이리저리 쓸려가고 걷지 못하는 꽃의 윤곽들이 밤새 둑을 따라 서성였다.

태호야, 오늘도 유명인사 몇몇은 어김없이 부고에 이름을 올렸고 그 자리를 노란 꽃잎들이 짙은 향초 연기를 피워 올리며 몸을 숨기고 있다.

태호야, 태어나는 것은 비석처럼 기록되지 않지만 나중에 꽃으로 피어 세상에 드러나기도 한다는 것을 나는 너에게 조용히 풀어놓고 싶다.

수줍은 듯 벗은 몸을 하얗게 숨기고 있는 목련처럼 꽃잎이 너무 커서 슬픈 너의 봉우리가 이내 터져 울리겠구나.

그곳엔 지금도 흰 비가 내린다.

나의 광대

아직 울 힘이 남아있는 자는 실컷 울어라!
아직 웃음이 남아있는 자는 실컷 비웃어라!
아버지의 세상에서도 이루지 못했던 약속
나의 세상에서 끝낼 수 있을 거라고
남쪽 하늘에서 동쪽 끝으로 무지개를 그리며 따라간
고개를 들 힘도 없고
시선을 돌릴 힘마저 없어질 때까지
오직 응시하는 그곳에서 만나자!

나는 나의 광대가 되고
나의 광대는 내가 되기도 하는 그곳에서
내가 잠든 동안에도 집들은 지어지고
공장들은 불은 끄지 않을 것이다.

그 어떤 날에

어떤날은꿈에서조차생각치도못했던일들이일어나기도하고어떤날은스쳐지나가는낯설은얼굴들을보며까마득하니기억의저편으로잊혀졌거니하는얼굴이생각나기도하고어떤날은아무런까닭없이도혼자서스스로울컥하며괜스레감정이복받쳐눈시울이붉어지기도하고날씨가맑고봄햇살이가만히와닿는양지쪽을지나게되는어떤날은내마음속에서파랗고도붉고노란새한마리날아나오기도하고비가질척질척내리는어떤날은처마끝에서방울방울져떨어지는빗물방울을창가에기대어그저아무런의미도없이바라보기도하고그렇게그렇게나의시간들이가는가싶은어떤날은향기도없는꽃들이피어나바람에일렁거리며나비며벌을유혹하기도하고어떤날은밤늦게까지술에쩔다밖으로나와함박눈이수북히내려누구도지난발자국하나없는길앞에서서발떼기를주저하기도하고어떤날은낙엽쌓인거리를걷다가가지끝에달랑하나남은빛바랜나뭇잎한장흔들리는바람에내마음을실어놓고지나치기도하고홀연히밤하늘어둠이달을갉아먹어가냘퍼지고별들도아스라히춥게움츠린어떤날은불현듯옷깃을여미며입김을불어보기도하고어떤날은아침에깨어아마도어제있었을가슴멍한일들이차라리꿈이었으면하고내처일어나지못하고몸을뒤척여보기도하고살랑이는바람과새싹푸른나무와무수한풀들사이로난숲길을따라걷던어떤날은발밑으로밟히는생명처럼아픈척해보기도하고햇살따뜻한사오월의오후어떤날은먼산을향한테라스

한켠벤치에앉아나이많은내이야기들을생각하는사람들을떠올려보기도하고어떤날은그어떤날에있었던일들과있었을일들이벌어지기도하는그어떤날의깜깜한기억을띄워보기도하는그런어떤날이있다.

전조前兆

장마 끝 태풍전야
아직 비는 오지 않는다
습한 바람에 휙휙 마른 잎들이 붐비는 저녁
바람이 먼저와 울고 있다
바람이 운다 내 집을
온 하늘을 통째로 끌어안고 우는구나
발도 없이 온
끊어질 듯 이어지는 이 비릿한 소리의 시작은 어디인가
너는 누구의 흔적이란 말이냐
이렇듯 눅눅한 소리는 어디서 오는
누구의 깃발이란 말이냐
나를 지탱해주던 말은 죽었다

이제 곧 네가 눈발처럼 들이닥치겠구나
밤이 이슥토록
거침없이도 내 집을 범하겠구나

산

아침이면 산은 아무 소리도 없이
밤새 끌어안고 있던 구름자락을 허공으로 걷어내며
떠오르는 해를 받고 머리부터 깨어나
어둠과 함께 들이켰던 바람결을
느릿느릿 풀어놓는 것이다

산은 소리를 품고 산다
짐승들의 풍경소리와 바람결에 흔들리는
물과 새들의 발자국 소리
보이지 않는 산막에서 들리는 밥 짓는 소리들

산은 언제나 높은 곳에 머물며
속내를 결코 드러내는 법이란 없다
많은 살아있는 것들과 죽은 것들의 사연을
끊임없이 감추고 산다

산은 딱딱한 것과 부드러운 것으로 쌓여있다
장마가 지면 숨겨놨던 뼈다귀들을 계곡으로 쏟아내고
검은 것들을 누런 흙물에 섞어 한꺼번에 토해낸다
때론 제 몸을 무너뜨려 속살을 드러내기도 한다

그럴 때마다 나는 양 손을 품에 넣어
무너지는 허공을 부여잡는 것이다

일출

저 멀고 아득한 어둠 속에서
찾던 것이 빛이었음을
잊는 순간이다.

내 가슴에
온전한 구멍을 뚫을 수 있는
짧은 그때!

스무 날 비 내리던 날

너는 유리병 바닥처럼 볼록하게 솟아오른

스무 살부터 빠져나온 철퍽거리는 길에서

아직도 그 병목 속의 롤러코스터를 탄 채

스릴라이더빅샷처럼 쏘아 올려 질 날을 기다리며

추락의 그 깜깜한 번지코드의 장력 속에서 눈을 뜨고

다 쏟아내지 못한 한 방울을

끝내 남겨두었구나!

경계

사방이 막혀 불러볼 이름이 없다
집은 무너지고 건너갈 다리조차 끊겼다
주변에는 수많은 구멍들이 걸어 다니고
빛바랜 골목을 메우고 있는 터무니들 속에서
나의 발자국은 구별되지 않는다

붐비는 길로 끊임없이 가고 있는 저 개미떼
잠자리 날개 한 짝 만큼의 무게로 늘어선 행렬
선을 벗어나지 않는 침묵

많은 사람들이 다리 끝에서 웅성거렸다
다들 한 손엔 구겨진 종이쪽을 들고 있었고
어떤 이는 무가지無價紙를 움켜쥐고 달려왔다
나는 이렇게 되뇌였다
아이를 업고 오세요, 아이를
많은 이름들이 새까맣게 새겨진 게시판에서는
알 수 없는 말들이 비처럼 쏟아지고 있었다

누구도 그런 길 위에서 돌아선 기억은 없는 것처럼
비는 죽어서 길보다 가벼워지기 위하여
나를 내려놓아야 하는 선

일출 Ⅱ

바닷가에 서서
가로누운 하늘을 본다
하늘은 누워 있지만
땅은 무거운 몸뚱이를
눕힐 곳이 없다

하늘은 높아서 청청하고
땅은 깊어서 서럽게 흔들리는가
높은 곳에 오르면 천지가
무릎을 꿇어야만
한 점 눈물을 감출 수 있다

산꼭대기에 서서 세상을 본다
산 것은 모두 서 있고
해가 중천으로 밀려와도
일어서지도 못하는 것들
죽어서도 눕지 못하는 것들

붉은 무리 새떼만 목줄을 구분 지으며
하늘로 날아오른다

섬

너는 한낮에도 짜디짠 선창에 몸을 부딪치며 울컥거리고 바위틈에 길게 내민 너의 촉수들이 일렁이고 있겠다 너는 그 손으로 속살을 여민 채 먼 길을 출렁거리며 밀려와도 미동조차 않는구나 아침이면 피어오르는 안개에 몸을 숨기고 텅텅 다가오는 뱃전을 더듬거리며 그리도 울렁거렸던 것이냐 바람에 일렁이는 안개 사이로 다가오곤 했을 그리움을 쓸어대는 것이냐

끝내 허락하고야 말 접안接岸을 예감한 듯 섬의 뿌리에 정수리를 박고 발버둥치는 만각 뱃머리를 붙잡고 놓아주지 않는 틈바구니 뱃고동 소리만이 머리를 돌릴 수 있는 포구 날이 저물면 섬은 몸을 웅크린 채 깊은 바다의 꿈속을 떠다닌다

무명 Ⅱ

습관처럼 걷는 새벽 산책길에서
잎보다 먼저 피어나는 같은 이름의 꽃과 나무들
나는 찬찬히 꽃과 가지와 잎 속을 들여다보았다
그리고, 하나씩 이름을 붙여주기 시작했다

너는 작고 약하니 튼튼하게
너는 가냘프고 창백하니 아름답게
너는 건강하고 우람하니 청청하게
누가 태어나는 자식에게 저주의 이름을 붙이겠는가!

숲은 나무들로 가득했으나 그들은
소나무, 벚나무, 단풍나무, 자작나무 숲
같은 무리의 이름 속에서 구분되지 않았다

그러나,
이름을 가진 것들은 숭고하다
우람한 나무가 가득한 숲에 촉을 내밀어
한 점 햇빛을 향하여 한 잎 한 잎 마디를 키우고
한 겨울 찬바람 속에서 마디 끝마다 시련을
견디며 살아남은 너에게
네 옆의 나무가 불러주는 이름이
나는 무척 궁금하다

자귀목 연가

님은 또 이렇게 가시는가 봅니다
아직은 채 꽃잎이 깨어나지도 않은 축축한 아침입니다
밤새 포개어 단 냄새를 남기고
백년쯤 날아온 새 한 마리 고개를 떨군
잎새 뒤로 석양이 걸릴 때쯤이었습니다 그 밤
하늘보다 짙은 향기를 뒤로 드리우고
서로의 몸을 묶어 하나가 되었습니다만
님은 이 밤을 머물지 아니하였습니다

내가 밤이면 날개를 꺾고 잎을 접어 어둠을 품는 것은
아침이면 곧추 일어나
닫았던 잎새를 열어 하늘을 그리고
뜨거운 여름이 돼서야 연붉은 꽃을
옅게옅게 달아맬 수 있기 때문입니다

7월, 목련꽃 붉다

네 꽃이 어지러이 지던 날이 엊그제, 네 하얀 이빨들이 빠져나간 그 자리 끝에서 너는 이미 단단한 꼭지를 물고 있구나 겨우내 붉은 빛 태워 하얗게 정갈해질 때까지 헝클어진 머리칼을 쓸어내리는 동안에도 너는 먼 여행을 떠나는 새떼처럼 붉디붉은 눈시울을 또 하얗게 적시는 구나 장맛비 사이로 슬금슬금 밀어올린 네 속내를 들키지도 않은 채 그 누구도 알 수 없는 어두운 곳에 나를 세우고 너는 자꾸 붉어지고 있구나!

2부

광대의 기도

기도

채 열 손가락을 다 세지 못할 때 이끌려간 고상苦像이 높이 걸린 곳에서 새처럼 목 움츠리고 저녁 강으로 흘러드는 느린 곡조와 앉다 일어서다를 반복하는 몸짓을 따라갔다

양수로부터 온 것처럼 낡은 의자가 삐거덕거리는 침묵의 강을 건너가곤 했다 절망의 횟수 만큼 의자는 점점 낮아지고 등받이는 체온을 차츰 잃어갔다 단단한 눈들에 비친 햇빛이 옅게 묻어나는 스테인드글라스 새들의 날갯짓이 귀에 가득 찼다

그때마다 빗물은 바깥쪽으로 번졌고 엉켜진 색깔들이 하얗게 메아리쳤다

탈거脫去

나는 나비가 가지 끝에 벗어버린 허물 틈새로 열린 하늘을 한참 들여다보았습니다. 맨 처음, 아무것도 없는 허물이 보이고 차차로 허무 속에 들어앉은 하늘이 보일 때까지 시간이 파닥대는 소리를 들었습니다.

이제, 나비는 허공을 날고 허물은 사그라지고 있습니다.

오서산 II

억새 바람 쐬러 갔습니다 정상에서 제2봉으로 이어지는 서편 능선 어깨를 따라 흰머리를 굽혀굽혀 만발해 있습니다 그곳에는 바다를 건너온 바람에 일렁이는 억새가 천수만에서 수만 마리의 흰 새떼를 몰고 와 날아오릅니다 흰 새떼 날아간 곳으로 갈잎은 날개를 쳐 비릿한 바다 소리를 냅니다 나는 억새의 몸통을 끌어안고 정상에서 아득히 눈에 밟히는 천수만과 대천 앞바다 구름사이로 갈까마귀의 핏빛 외침이 잦아들 때까지 억새처럼 휘청거리며 서 있었습니다

수만 갈래로 찢긴 햇살을 따라 대궁속이 하얗게 비워질 때까지 우두커니 서 있었습니다

잔혹한 시간

내가 어려서 아무것도 결정할 수 없을 때
많은 것들은 까닭 없이 거절되었고
모든 것을 결정할 수 있게 되었을 때
어떤 것도 스스로 내게 굴복하지 않았다

군대를 제대하자 나는
예전으로 돌아갈 수 없는 세상을
무릎 꿇린 채 받아 들여야 했다

그 많은 구인광고는 신문의 면마다 넘쳐났지만
내가 찾는 그런 집은 그늘진 골목에도 없었고
한 달이 넘는 무보수의 연수과정이 끝나자
또 거리로 불려나가야 했다

입대 전보다 커진 두려움은 점차 각오로 변해갔고
불 꺼진 그녀의 집 앞에서 수많은 밤들을 서성여야 했지만
여자는 한번 떠난 길을 뒤돌아보지 않는다는 것을 그때는 알지 못했다

언제나 눈자위 주위로는 흰새들이 날았고
날개 위로는 호수에 갇힌 물결들이
속으로 울음을 삼키며
몇 번의 아가미를 껌뻑이곤 했다

궁핍

연초부터 며칠 새
많은 눈이 내렸다
아침에 밖으로 나와 보니
깊이가 다른 발자국을 찍으며 절뚝거리는
산까치 한 마리가
경비실 옆에 쓸어 놓은 눈 무더기를
하얗게 언 부리로 여기저기 쪼고 있다

광대의 기도

누군가의 염려로 내가 존재한다는 사실을 잊어버리고 살아온 날들 감사의 기도는 어떻게 올려야 하나, 승냥이떼처럼 몰려다니며 주검의 냄새를 쫓는 나약한 존재! 어미의 기도는 새벽안개처럼 어둠을 깨치며 조용히 퍼져나가 세상 속으로 스며들고 장작불의 깊은 속내처럼 연기도 없이 푸르디푸르게 틈새마다에서 세차게 타오르는 것!

이른 아침마다 연신 되뇌는 어미의 처염한 울림이 높은 공간으로 떠올라 비로소 내리는 소원의 씨앗들 사방으로 흩날려 비처럼 스며들듯 홀연 햇살의 지극한 눈길 속에서 꿈처럼 피어나는 것!

태생이 광대는 아니었으나 어느 날 뿔이 돋아 꼭두각시가 되었다.

그래도 너는

오늘도 일어나 또 구덩이를 먼저 파고 있구나 닭장의 암탉처럼 죽은 조상은 잊지 않고 챙기는구나 매년 시골집에 홀로 계신 노모를 찾아뵌 지 몇 년 장닭조차 늙어 쉰 목소리로 새벽을 울고 한 칸 집채와 텃밭도 이름표를 바꿔 달았구나! 암탉들은 이미 알 낳기를 포기한지 오래되었거든 너는 두 다릴 뻗고 잠을 청하는 구나!

아느냐, 이미 죽은 네 아비는 제삿날도 밤이면 홀로 네 어미의 호미를 손질하고 평생에 짓던 논두렁을 서성이며 물꼬를 살피고 어미는 해 뜨면 끊긴지 오래된 핸드폰이 울릴 때를 기다리며 목에 건 채 네가 판 구덩이를 꾸역꾸역 메꾸고 계신다.

불안한 거리

또 복도다.

그동안 여러 작은 방들과 다른 색깔과 냄새로 가득찬 방들을 지나왔다. 그러나 또 복도다, 어느 방은 떠나와야만 했고 어느 방은 묶여 있어야만 했다. 춥고 서리 내린 겨울밤은 길었다. 승냥이 같이 밤과 낮 사이를 훔치기도 했고 흐르는 음악을 따라 므흣한 방들을 탐하고 짐승의 냄새가 배일 때쯤이면 스테인드 글라스 빛 방에서 옷을 갈아입었다.

벽돌로 단단하게 지어진 단 한 개의 방과 얇은 유리로 지은 무수한 조각으로 꿰맨 나의 방들 밝은 빛이 새어드는 저 끝의 문을 열면 시장으로 통하는 길이면 좋겠다.

지난 계절의 빗장

벼가 다 익도록
물에 쓸린 방향으로 싹이 내려도
일어나지 못하는 침묵이여

몇 번이나 허리를 펴 하늘을 바라봤지만
밤이 되면 강물은 둑을 잃은 채 범람했고
수컷의 자식들은 빈 젖꼭지를
멍이 들도록 빨아댔다

애들은 결코 죄가 없다
쓰러진 벼들을
묶어세우는 어미가 있을 뿐

내 어깨를 짚지 마세요
그때 짓눌렸던 모가지가 저려 와요

일출제

비가 내릴 때마다 내 작은 화분에 물이 고인다

온 벽이 허물어지고 오줌을 쌀 구멍조차 막혔다 사람들은 전시회 이야기를 했다 팸플릿은 내가 아는 이가 가져갔다고 했다 그는 천재라는 소문이 가득했다 화분의 나무들도 변해갔다 가지를 건드리면 줄기를 틀어 움직이며 반응을 했다 아내는 내게 물었다 그 여자가 누구냐고 나는 연신 공기 같은 말들을 쏟아냈다

빗방울이 굵어진다 하늘을 향해 입 벌린 모든 것들은 범람한다 흐를 곳이 있는 것들은 허리를 흔들며 이내 말라가지만 고여서 아픈 자들은 침묵한다 그저 말없이 장구벌레만 꼬불꼬불 깝치며 생의 기럭지를 들썩인다

피를 빨려본 자의 부리는 단단해진다 침을 바르고 혓바닥으로 문질러도 부기는 돌 속의 칼처럼 쉽게 빠지지 않는다 내일 아플 자에겐 두려움이 있다 느낄 수 없는 순간 꽃들은 피어난다 어머니의 얼굴에 여러 개의 빨갛고 파란 꽃이 피었다 아버지의 오줌소리가 조용해지는 아침이다

창밖으로 붉어져 오는 일수아주머니의 도장 지갑 이삿짐을 빼낸 구석마다 검은 실들이 엉켜있고 무너진 실오리가 터울대고 있다

귀향 104

버스는,

표를 구하는 긴 줄을 바라보며 무엇을 생각할까? 켜켜로 접혀진 가득찬 사연들이 기다림에 지친 긴 꼬리표를 달고 어두운 짐칸에 쟁여지고 있다.

떠나온 신발은 매듭처럼 엉키고 다시 풀 수 없는 층층 새벽 틈새로 빗장 걸으며 떠나온 날들 도시의 하수가 흐르는 뚝 가파른 언덕배기 기슭마다 쪽방에서 다닥다닥 붙어 깜빡이는 전구를 켜곤 했다.

그곳에선 신발 없는 꿈들이 배고픈 채 서러운 뜨물에 씻겨가고 떠남은 돌처럼 자꾸 가라앉기만 했다.

되돌리고 싶은 그 발자국 소리 아직도 귓전에 쟁쟁한데 혈관에 꽂힌 비닐관 속으로 한 방울씩 느리게 번지는 기억의 끈들 빗장이 열리는 소리를 따라 무념 속으로 든다.

쏠빛

겨울은 갈색이다
풀도 나무도 마음도 갈색이다
군데군데 얼음 논바닥에 널브러진 마시멜로 빛깔도
흰빛 알몸 색이다

추워서 갈색이고 춥기 때문에 갈색이다
흰빛 갈대꽃은 갈색 몸속의 빛깔이다
그래서 겨울은 슬픈 색이다

겨울은 배고픈 색깔이다
외롭고 짙은 그리움이 배어있는
비통한 타향의 빛깔이다
그래서 겨울은 돌이킬 수 없는 외로운 색이다

흰 눈이 내리면 갈색들은
검은 빛 속으로 몸을 숨긴다
드러낼 수 없는 색깔
나도 이 겨울 흰색 뼈 위에
짙게 배어난 춥고 배고픈 갈색 빛깔이다

시월 십사일 수요일

오늘 아침엔 푸른 물빛 셔츠를
옅은 안개가 낀 옷장 속에서 꺼내
어제의 비늘을 털어낸다

망각의 흠집을 숨긴 소매 속으로
팔을 밀어 넣고
순서 없이 단추를 채운다

나의 소매는 언제나
채워지지 않은 채 두어 번
걷어 올려져있어
검은 개구리가 숨어들기 어려웠다

광대의 뿌리

나는 어떡하다
생면부지의 아리따운 여인에게 잉태되어
출렁출렁 열 달을 살았다

나는 태어나
그 아름다운 여인의 젖꼭지를 제 것인 양
흥청흥청 빨아먹으며 또 몇 년을 살았다

그녀는 나를
자식이라며 애지중지 키웠고
말썽을 일으킬 때마다 잘 못 키워 그렇다며
스스로 고상아래 무릎 꿇고 수많은 밤을 지세우곤 했다

그러나 나는
어둡고 불 꺼진 골목을 배회하거나
차갑게 닫힌 대문 앞을 서성거렸다

풀잎

나는 지금도 풀을 뽑는다.

분재를 시작할 때 처음으로 배운 것이 나무 밑동 주변으로 끊임없이 돋아나는 풀을 뽑는 것이었다. 풀은 뽑아내도 뽑아도 돋아나고 잠시만 게을러지면 꽃을 피우고 순식간에 씨앗을 뿌려댔다.

풀을 뽑다 문득 들여다본 황금비로 정지整枝된 몸통과 피보나치 수로 뻗은 가지 사이로 밝은 빛줄기들이 풀잎위로 사무치게 쏟아지고 있었다.

나는 생각했다. 나무를 무성한 채 자라게 했다면 스스로 짙은 그늘을 만들어 둥치 밑에 풀이 자라지 못하게 했거나 친구가 되어 바람 모질고 장마 질 때 발밑의 흙이 떠내려가지 않게 했을 것이라고,

나는 습관처럼 또 풀을 뽑아주었다. 그렇게 배웠으므로 스스로도 벗어나지 못하고 미안하지만 가슴을 치며 또 풀을 뽑아야 했다.

딸아, 네 발 밑에는 어김없이 또 연약한 풀들이 가득 돋아났구나, 풀잎 같은 딸아!

예각의 소리

은유의 시대는 갔다 미안하지만, 보일 듯 말 듯 은밀한 세상은 이제 없다 보여주고 모두 드러내고도 미치지 못하는 극한極限 외에는 더 이상 없다 지면을 가득 채운 격정적인 표현들 공중파 그 어디 조금의 숨김이 들어있지 않다

어쩌다 은유가 들어있으나
이는 직유를 넘어선 어떤 것이다

밤길을 조심하십시오 나는 당신의 안전을 책임지는 자입니다 당신은 게임을 하고 게임속의 표적들은 죽어가면서도 붉은 피를 흘리면 안 된다

잔혹한 표현은 아이들의 정서를 해치기 때문에

초학初學부터 피자 냄새를 피우는 방법과 언제 촛불을 켜고 거리로 나가야 하는지 앞장서 가르치고 대학大學까지 너절한 교재냄새 대가로 무릎도 내줘야 한다 밤이 깊어지면 도서관길 가로수는 슬픈 아버지 색깔을 띤다 깃발 없는 언론과 알쏭한 집단만이 이 땅을 자유롭게 횡보하며 힐난한 행태를 서슴지 않을 수 있을 뿐

다 돌려놓고 돌아가라!

>

당신의 신들은 어디에 있는가? 당신은 내게 기도하라 가르치고, 스스로는 여기저기 어두운 곳을 돌아다니며 직접 촛불을 밝히고 있는가? 공공의 이익을 위하여라고 핏대를 올리는 저들의 의자 높이는 누가 떠받들고 있는 것인가? 당신은 돌아가 당신의 주인 앞에 무릎 꿇고 촛불을 켜 기도하라!

당신은 돌아가 당신의 스승의 가르침을 전하라! 당신은 돌아가 선조들의 이 땅을 사수하고, 인간의 존엄을 보장하라! 당신은 돌아가 어두운 골목을 비틀거리며 돌아가는 이 거리를 떠받드는 사람들을 보호하라! 그리고 여기에 나온 숫자를 계산하지 마라! 그 순간 당신의 기도는 힘을 잃을 것이다

종국에는 그 존엄함마저도 들판에 뿌려질 것이다!

흔적

이젠 더 나아갈 곳이 없다.

밖으로는 그 숭고하다는 존재의 것들이 가늠할 수 없는 가치의 겉모습을 드러내 보이며 생각의 저편에서 깨어나고 있다.

안쪽으로는 차가운 것들이 응집된 투명한 슬픔의 벽을 쌓고 끊임없이 이어지는 시선 뒤에서 신비가 벗겨진 채 과거가 된다.

숨죽인 발자국도 숨길 수 없는 소리들이 책장에 누렇게 얼룩처럼 메아리를 남기고 자주 찾아야만 했던 끝 쪽 모서리 때처럼 검은 고백을 되풀이 한다.

그곳에 한번 내린 눈은 비가 내리기 전까지 녹지 않았고 때론 그 비조차 흔적을 지우지 못했다.

내가 너를 되뇌일 때마다 눈은 또 어김없이 내렸고 언제나 그 눈은 또 다른 빗물이 씻어갈 때까지 그치지 않았다.

회전축과 차륜

왜 말들은 항상 음울한 소리를 내야하나.

힘들고 거친 말들과
비탄에 젖은 몸부림과 한탄들
낭만의 시절도 있었으나
그들은 끝내 타협의 시도를 저버린 채
혀를 날카롭게 세워 기괴한 소리를 지어낸다.

스스로 고삐를 쥔 채 채찍을 가하는
가학적 참회를 승화라 부르며 마차를 끄는 마부처럼
자꾸 빠져드는 물구덩이에서 헛도는 바퀴를 끌어내며
말 엉덩이 구석구석마다 젖은 채찍을 가하고
헛딛는 편자가 길바닥에 부딪치며 뼈를 가는
재갈 사이로 거품으로 토해내며
붉고 희끄무레한 잇몸을 한껏 드러낸 채
완고한 윗입술을 씰룩이며
알 수 없는 힝잉한 소리를 질러 낸다.

3부

광대의 소설

제니

나의 기억들은 깜박깜박 타들어갔다.

그녀가 손을 놓자 더듬이를 잃은 개미처럼 나는 되돌아가 지나온 발자국들을 지우며 날짐승의 발자국조차 남아있지 않은 눈발 속으로 들어갔다. 그때마다 눈 속에 파묻힌 방향을 잃은 길들은 언제나 그 기다란 눈들을 껌뻑거렸다.

그러던 어느 날 나의 제니는 빛을 잃었고 기다림에 익숙해진 등불은 점차 누런빛으로 변해갔다. 습관처럼 기다리던 카페의 자리도 창가 쪽에서 점차 벽쪽으로 옮겨졌고 그렇게 습한 냄새에 익숙해져갔다.

길거리는 쌓인 눈에 미끄러진 발자국들로 넘쳐났고 그녀가 남기고 간 딱딱한 숨결들은 눈발 속으로 이리저리 날리며 발길을 감추고 있었다. 땅은 흐트러지고 내 집은 무너져 내렸다. 이제 거기로 들어가는 유일한 방법은 지나온 발자국에 묶인 사슬 끄는 소리를 따라가는 것뿐,

그후로, 나에겐 입구를 등지고 앉는 습관이 생겼다.

무명無名

내가 알던 한 여인이 죽었다
나로 인한 것일지도 모른다는 생각이 쟁쟁거렸다
제이, 그녀가 죽고 나서 얻은 이름이다
그녀가 한때 여자였음을
아무도 의심하면 안 된다

어느 날 내가 알던 한 사람이 또 죽었다
와이, 소문 속 그 사람 이름이다
그가 한때 남자였음을
누구도 의심하지 않았다

어느 날 내가 알던 내가 죽었다
케이, 사람들은 모두 침묵했다

사각의 희망

내가 내려놓으면 되겠습니까? 서슴없는 목소리가 판자를 뚫고 나온 칼끝처럼 거리를 향하고 무너진 관절의 지우금 노인은 출렁거리며 다리를 건넌다 뼛속마다 내려놓을 것이 없는 젊은 이靑春는 난간에서 공기 속으로 자신의 무게를 풀고 거리마다 사거리에는 붉은 눈目들이 켜진다.

그때도 할아버지는 선유도 다리 밑에서 낚시를 하였다 커다란 잉어며 장어는 동네 아주머니들의 혈안이 되었고 남쪽 모래판 사이로는 자갈들이 익어갔다.

그곳엔 처염한 빨래들이 조그만 돌에 눌린 채 널브러진 햇볕 아래서 바짝바짝 말라갔고 아낙들은 푸릇푸릇한 치마를 물위에 띄운 채 엊저녁 흔적을 힐끔거리며 지우곤 했다 그날 강가에는 붉은 글씨의 간판이 즐비하게 늘어섰다.

그것으로 모든 것은 금지되었고 잉어를 담은 자백이 위로 무지개 빛깔의 기름기가 둥둥 뜨기 시작했다.

소리는 신호에 따라 흘러갈 뿐 사거리마다 서낭기가 나부끼고 마룻바닥 결을 따라 사각의 세상이 들어왔다.

불이야!

불이야, 너는 때때로 스스로 타오르곤 했다.
불이야, 한때는 나도 너처럼 활활 타올랐던 적도 있다.
불이야, 타오른다는 것은 마치 숨을 쉴 수조차 없는 환희와 망각의 틈새이다.

불이야, 너는 항상 갑자기 타오르곤 했다.

너는 어두운 곳에서도 뜨겁게 타올라야 했고
꺼질 때는 언제나 검은 입술을 굳게 닫은 채
그을린 흔적 위에서 통곡을 해야 했다.

불이야, 너는 사람들을 불러 모으기도 하고
불이야, 너는 모두를 불사르기도 했다.

불이야, 세상 것을 모두 태운 후에는
불이여, 너는 무엇으로 발하려 하는가!

파경破鏡

나의 낙오는 채찍을 두려워했던가!

나의 빗줄기들은 허리가 약했고 범람을 참아내지 못했다.

나의 햇볕은 나뭇잎 한 장의 두께를 뚫지 못했고,

나는 흔들리는 그 어둠 밑에서 얼뜬 신음을 해야 했다.

나의 결재決裁는 빨간 펜으로 갈가리 찢어졌고

나의 섹스는 오르가스마트론을 당해내지 못했다.

광대의 소설

나는 소설을 모른다.
다만 어머니가 쓰신 육필 원고를 읽어 본 기억이 있다.

아버지가 평생을 목숨보다 아끼던 술을 끊고 스스로 식사를 준비할 때면 "걱정할 것 없어, 네 엄마가 다 알려주기 때문에 그냥 따라서 하면 되거든"이라며 부엌 천장 한편에 귀를 기울이듯 나도 허공에 귀를 대고 어머니의 음성을 듣곤 한다.

잘 들리느냐고 물어보면 안 된다. 그녀는 일흔이 넘어서야 아흔이 넘은 시어머니의 시야에서 헤어날 수 있었고, 다섯 해를 그리워하며 살다가 며느리라는 허울에서 온전히 벗어날 수 있었다.

사방치기

들 가운데 문을 세우라! 열 길의 돌들을 양쪽에 세워 성문을 달고 벼랑 끝에 연이어 성벽을 쌓아라!

이젠 허공에 집을 짓지 마라! 대지 위에 주춧돌을 쌓고 두 발 굵기의 기둥을 세워 불후不朽의 집을 지어라! 헛된 구름과 타협하여 번개를 부르지 말고 푸르고 푸른 하늘과 맑고 드높은 창공과 아침이면 이슬 속에서 풀들이 돋아나게 하고 한가한 날에는 비를 불러 먼지 가득한 도로를 닦아라!

어디 네 것이 아닌 저 넓은 땅에 금을 여러 줄로 긋고 네 이름을 새겨 밤이 되면 더 선명한 테두리가 나타나게 하라! 그리고 그 중앙에 네 이름의 별을 명명하라!

테두리 밖의 땅은 꿈 한 조각에 일천 마름(이것은 내가 하늘의 넓이를 재는 단위다)씩 나눠줘라! 그리고 테두리 안에서 희망의 씨를 가진 자는 누구나 농사를 짓는 것을 허락하라!

다만, 집은 너의 땅에 지어야 하고, 집터를 닦은 자에게는 새들이 집을 지어줄 것이다.

나의 춘희

나는 춤을 춘다

언제나 미친 듯 미친 듯 춤을 춘다
온전히 미쳐도 차마 다 버릴 수 없는
그 숨을 끊으며 숨통을 끊어버리며 춤을 춘다

시는 무용이다

노래보다 더 노래 같고
그림보다 더 그림 같은 춘희다
사랑이라는 말에 인색한 수전노다

나는 춤을 춘다
언제나 같은 리듬을 그리며
맺힌 곳을 맴돈다
춤 속에서조차 벗어나지 못한다

그렇게
지나온 자국은 흉터로 기록되고
오래도록 나를 괴롭힐 것이다

마침내 짙은 가뭄이 오고

저수지의 바닥이 드러나는 날이 오면
나는 쩍쩍 갈라진 갈증의 틈새로
갈비뼈를 드러내며
통한의 치부를 드러내야만 할 것이다

관에 들어가기 전에 치러야 할
무통의 절차에서 어차피
드러내야 할 모든 것들을
처절한 고통 속에서 몇 번이나 몇 번이라도
감내해야 하는 춤을
늦고도 낮은 음계에 맞춰
춤춰야 할 것이다

사랑이라는 이름 앞에
무릎 꿇지 않기 위하여
오직 너만을 위한 춤을 추기 위하여
나는 지금도 춤을 춘다

자아도취

1\.

우산 파인애플 플루트 샐러드 멜론 이쑤시개 불협 조명 스텝 헝클어지고 엉클어지고 휘청거리는 불빛 오브리 마이크 찢어지는 스피커 삼층 일층이어도 나의 심지까지는 태우지 못하리, 불빛불빛 불빛소리 소리불빛 어울려 흩어지는 갈래들 갈증갈증 증발 달랠 수 없는 테이블 은빛 쟁반 붉은 하수 제 흥에 겨워 비트비트 풀바디,

2\.

나는 지워지고 나아만 남아야 하는 이어지는 굉음 단 박자 더 짧아야 하는 스텝 엉키는 세 박자로 이어지는 슬픈 곡조 흰 바지 짧은 치마, 배꼽 드러나는 능선 함성 괴성 탄성과 절지 따로 움직이는 경보음 경보소리 비명 끌려가는 여심 굴종의 흔들림, 힐 흔들리는 가슴 놀아나는 늘어나는 빈병들 같이 가는 외로운 울림 지친 밴드 느려지는 옥타브 나의 시선은 흐느적거린다.

3\.

끈적한 외감 솟구치는 외감 포기하고픈 절조 절대 절조 낯선 얼굴 드러나지 않는 표정 타인 속으로 파고들어야 하는 슬픈 것 아픔아픔 뚫고 지나가야 하는 눈길 따가운 시선, 드러나지 않아야 하는 윤곽 받을 수 없는 축척 얼버무림 절대 열리지

않을 마법 돌로 축조된 암흑 절대절명 무너질 수 없는 절벽 낭하 낭떠러지 끝에 그려야 하는 크레파스 파스텔 혼절의 섞음 덧칠,

4.
감춰야 하는 원형.

팬터마임

십오 년을 키워온 주목 분재가 죽었다.
한 분 속에서 십년을 있었으니
화분은 묵은 뿌리로 가득 차 새 뿌리도 내리지 못하고
물을 줘도
스며들 공간이 없어
결국은 빨갛게 말라죽었다.

나는 한 화분에서 얼마나 침잠했던가
수많은 연민과 번민의 뿌리로 가득 차
이젠 물 한 방울 스며들 틈조차 없어
숨이 턱턱 막히고 있다.

묵은 뿌리를 모두 잘라내고
삭정이도 들어내고
내 몸보다 작고 턱이 얕은
도색 안 된 연한 갈색화분에
분갈이 하고 싶다.

아웃사이더의 入城

나는 언제나 서툴렀지만
들키지 않으려고 노력했다.

그러나 당신은 언제나 나의 허점을 꿰뚫었고
결코 입성을 허락하지 않았다.

바람은 항상 여기저기서 생겨나고 불어왔지만
그들은 어쩌면 어제와 같이 변함도 없이
위쪽에서 불어오는 어눌한 빛 같은 것에만 주목했고
성 안쪽에 검은 탑을 점점 높이 쌓으며
아직 풀빛을 간직한 청청한 바람에
성문이 흔들리는 것을 염려했다.

아침이면 성 밖에 엎드린 여린 풀잎 끝에서 마다
끊임없는 좌절들이 성벽을 오르려
소멸의 대지 위를 서성이지만
태양은 어느덧 한탄의 귀로에서
어제의 것들에 명분名分의 씨를 뿌리고 있다.

핸디캡

아침에 일어나 눈을 뜨는 흐트러진 질서
나의 지금은 벌써 죽었다.

이쯤 살았으면,
생각하는 순간 지나가 버리는 것들
억지로 잡아 지면에 가두려는 이 행위를 통해서만
영원을 구할 수 있다는 것인가?

나는 어두움이 짙어지는 이 비 젖은 풀숲에서
벌레처럼 서럽게 우는 방법을 모르겠다.

붉다

밤 열두시가 넘도록 불을 밝힌 채 나는
흐린 물속을 떠다니는 물고기다

새벽 두시가 되어도 불을 끄지 못한 채 나는
집채보다 큰 두려움에 쫓겨
밤새 달아나야 하는 새 발의 피다

각혈을 토해내며 궤도는 절단되었고
나는 아직도 가위눌린 채
소리도 없는 비명을 지르며
끊임없는 깊이의 물속으로 빨려드는
흡혈충이다

어둠속에서 고개를 치켜들고 훅훅
빨아들일 듯 덮쳐오는 검은 구멍들
불을 켠 채 잠을 청해야 하는 붉은 밤들이 있다

광대의 공간

세상 속으로 가만히 손을 넣어본다
어디에나 있는 공간 속으로
손을 가만히 넣어본다

누구에게도 허락받지 않은 채
그 필요성을 느끼지도 않은 채
그렇게 나는 너에게도 손을
뻗었는지도 모른다

아무것도 없다고 믿는 그곳으로
스스럼도 없이 때때로 손을 뻗는다

공간은 간격을 가지고 있지 않다
는 것을 망각한 채
같은 거리를 맴돌며 공간속에서 틈을 찾는 벌레처럼
나는 절망의 단어를 떠올리며
늙은 초상화를 벽마다 걸어보곤 하는 것이다

외로움이라는 공간을 지각한다는 것은 슬픔이다

어려서는 성숙이라 하고
나이가 들어서는 늙음이라고 하는

언젠가 돌아가리라고 예정된 여행
글자 없는 대본 나의 각주 같은 것

너는 어느 순간부터 나의 각주가 되었다

독배獨杯

차디찬 물방울 하나
촛불 하나 작은 것들
누군가를 위해 어둠속에서
촛불을 켜는
어미 없이 태어난 최초의 것들

처음은 돌이켜지지 않는
회상 속에 간직된 한 편의
조각들의 어미다

언제부터인가 혼자는 외로워져서 술도 마시지 않는다
혼자 마시는 술은 텁텁 외롭다
그 술에 취하면 쭈구렁 서글퍼진다
슬프기까지 하다

어쩌다 슬픈 날이면
누구라도 앞자리에 앉히고
혼자 따라 먹는 무딘 술 몇 잔과
색깔 없는 몇 번의 미소에
쓴 술맛이 희석되길 바라며

스침

아침과 낮 사이와
저녁으로부터 밤까지의 부딪힘은
그들의 만남에 대한
정확하지 않은 징표의 모음이다

그저 지나치는 승객들
가는 곳마저 물을 수 없는 관계
흘러가는 빗물의 하소연이나 퍼
담을 수 있는 말라버린
도랑가 웅덩이 같은
결코 다할 수 없는 갈증을 모아놓은 곳

아 – 가슴이 멍울지는 탄식
헤집을수록 깊어지는 속내
젖은 머릿결 달달한 내음마저
비켜선 산등성이
선부른 뒤척임

아직도 꺼질 줄 모르는 붉은
새는 자꾸 깨어서 운다

아 – 이 밤

몸으로 켜는 바람과 목멘 흐느낌
숨죽인 어느 도적의 몸부림 속
기다리는 숨결들

아버지, 아버지, 아버지…

터질 듯 굽이진 핏줄
앞으로 질주하는 말들의
슬픈 눈
이제 내게 닥쳐올 시간들

가파른 계단을 올라 종소리
들릴 듯 펼쳐진 물보라치 듯
나는 떠밀린다

봉다리

할머니 그거 얼마유?
술 취한 나는 동네어귀 - 지금은 아파트 입구라고 해야 한다 - 에 들어설 때면
면죄부로 밀감 한 봉 - 계절에 따라 내용이 조금씩 바뀌긴 했으나 - 을 주정처럼 사들고
집으로 들어가곤 했다

나의 새끼들은 깊은 잠에 빠져있는 시간
조용히 식탁 밑에서 숨을 죽이는
부정의 비닐 봉다리

추문

내가 너에게 술을 붓는다
아가리로 부었으니 주둥이로
나오는 것은 또 술
슬픈 술의 주정이 똬리 틀고
너의 주사는 나를 삼키는 구나
깨어나지 말아야 했을 너의 기억 속
머리 없는 못들
다시 뽑을 수 없는 녹슨 못처럼
붉은 새들은 자꾸 깨어서 운다
잠들어 있어야 했을 날선 주정들 속에서
깜빡이는 새들의 숨죽인 시선
술집 문이 닫히기 전에
주문을 외우며 일어서야 한다
밝아오는 아침의 바짓가랑이를 부여잡고
통곡해야 한다

4부

광대의 항해

숲으로 가는 새들의 저녁

넥타이 푸르던 날의 저녁마다 수만 마리의 새들이 그림자를 끌고 불 꺼진 방으로 날아들었다 나는 허리접은 채 밤새 검게 패인 동공을 세어야 했다 돌 틈에 핀 목 굽은 제비꽃이었다가 한쪽으로만 쓸리는 눈발이 가득한 저녁

새떼들이 쪼아대는 울림이 바람에 흔들리는 잎사귀 틈새에서 발버둥 쳤다 그림자는 얼핏얼핏 붉은 어둠사이로 조각조각 찢겨졌고 공포의 빛을 등에 짊어지고 비명 같은 것들은 나의 동공 속으로 몰려들었다

나는 새들의 부리를 피해 눈을 가린 채 그 저녁을 물로 말려야 했고, 꿈속에서조차 허공을 휘저으며 새들이 쪼아대는 그들의 세상에 굴복해야만 했다

이 밤도 뿌리 없는 몸들이 물살에 부딪히는 울부짖음이 끊이지 않겠다

광대의 꽃

꽃은
피었던 자리에서
다시 피지 않는다.

분화한 후에야 꽃으로 잉태되고
어미와 자식의 씨앗이 겹쳐진 틈새로
알을 깨고 나온 병아리가
눈물의 꽃눈을 따먹으며 자라나듯
꽃은 핀 자리에서 다시 피지 않는다.

암수를 구분 지을 수 없는 가지와
가지 사이로 돋아난 잎눈의 자리에서
가난은 무성無性의 냄새로 증발되어버린 텅 빈 밥그릇
구멍 뚫린 생의 껍질을 붙들고
단 한 점의 꽃눈을 밀어내기 위해
허기진 시선을 내려놓아야 한다.

나의 가지는 아직 꽃눈을 달 만큼
씨알을 굵히지 못했고
태양은 낮은 각도로 긴 그림자를 따라
꽃이 피었던 자리만 맴돌았다.

절름거리는 무대

잘라야 하는 꼬리 꼬리 매듭
풀리지 않는 멸시
그래도 이어지는 사선
굽이치는 난간
잡을 수 없는 상처
속으로 속으로 스미는 혈흔
혈흔 혈맥 혈절 녹슨 파이프라인
절지 정지의 울림 울음
뜨거운 절맥의 삼킴 흐느낌
불타는 흔적 태워야 하는
돌아오는 계절 월동
싸리나무 싸릿가지 사립문 담장
건널 수 없는 징검다리 묵돌 하나의
침잠 침잠하는 쓸림 쏠림 한쪽으로
기우는 숫돌 기둥

나는 문득
싼 것과 비싼 것의 사이에
끼었음을 깨달았다

비상飛上

젊은 곰이 나이가 들자
주변 나무에 높게 발톱 자국을 남기기 시작했다

기후가 변하고
나무에는 더 높은 발톱 자국이 선명하게 찍혀갔다
점차 얇아지는 늙은 흔적의 가지가 잘리기 시작하자
그때마다 주변에 철장을 치기 시작했다

처음에는 침입하는 것을 막기 위함이었으나 점차
자신이 철창 밖으로 나가는 것을 단절하기 위하여
점점 더 높게 우리를 만들었다

한 구덩이 땅을 파지 않고는
절대 벗어날 수 없는
절망을 지었다

무제無際의 하늘을 올려다보며 뼈를 태워
한 점 불티로 날기 위하여

상처받은 영혼을 위하여

상처받은 영혼을 위하여
모든 물들은 슬프게 울어야 한다

세상의 모든 꽃들은 서럽게
피어나야 하고
해가 저무는 쪽을 향하여
통곡의 소리를
내야 한다

밤들은 기나긴 깊은 침묵 속에서
뚫어진 별자리를
끊임없이 세어야 하고
물들은 흘러서
상처에 고인 아픔을
서럽게 서럽게 씻어내야 한다

광대의 항해

나는 기억되지 않는 곳으로부터 배에 실려 이곳에 왔다!

바람과 파도에 일렁이며 왔을 것이다
나는 몇 척의 배를 건조했고
모습은 타고 왔던 배의 모습과 흡사했다

바람 없는 날 배에서 돛을 떼어내고
바람 없이 항해할 수 있도록 엔진을 달았다
바람은 때론 멈췄지만
돛 없는 배는 동력을 잃었고
부표처럼 일렁이며 이리저리 떠돌아야 했다

묵언

이제 나의 날들이 모두 스러지면
나는 어디에 기대어 울 것인가

내가 세워놓은 기둥들이 힘을 잃고 쓰러지면
무엇을 부여잡고 통곡할 것인가

나의 날들이 나를 버리고 떠날 때마다
나는 매일 매일을 죽으며 기다려왔고
하루하루를 죽이며 살았다

말없는 자의 침묵은
무릎 꿇은 자들의 신음 속에서
더욱 차갑고 조용하다

그러했으므로,
나는 가장 춥고 어두운 곳에서
피어난 갈색 꽃 이름의 성녀 앞에
부복하여 뜨거운 눈물을
바친다

클론드

당신은 조금은 삐뚤어져 있고
나와 닮아 있다.

당신은 뭔가에 홀려있으나
나와는 무관하다.

당신은 망상의 옵션을 통해
나의 창을 헤집고 확대경을 들이대지만
거울에도 비치지 않는 내 속은
짙은 장막 속에서 읽혀지지 않는다.

당신은 창문에 비친 길거리 풍경을 보며
확신에 찬 어조로 찬양하고 비아냥대지만
진실의 창은 반박의 기회조차 박탈당한 채
나와 나를 구별하지 못한다.

때론 내게도 잘 보이지 않는 그 속을
들여다보는 재주가 놀랍기도 하다.

내가 울어서 밤이 샌다면
밤을 새워 통곡할 것이다.

동침

당신은 나를 이 거친 자갈밭으로 성큼
들어설 수 있게 굼뜬 다리를 놓아준 한 점 빛이었고
슬픈 저편의 짙은 자국이었다

살아 벗어날 수 없는 철창 속에서도
그저 올려다볼 수밖에 없는
발 없는 작은 한 마리 새였다

날개도 없는 사랑에 취한 채
거리를 헤매야 하는 적갈색으로 위장한
지울 수 없는 소리였다

슬픈 항해

오늘은 배 한 척을 건조하자
그리고 몰락하는 붉은 하늘 속으로
석양을 따라가자!

꺼져가는 항구의 촛불을 두 손으로 감싸 안고
죽어가는 불길에 입김을 불어넣으며
따라가자!

나의 꽃들은 계절을 다 하였고
나의 바램들은 타인의 무심함 속에서
홀로 처절하게 몸부림치고
깊은 자상으로 인하여
소멸되었다

그리고 돌아갈 이유를 뱃전에 새기자!

새벽에 서러운 빛깔을 밟고
떠오르는 소름 같은 것
가난한 어미 새는
허기진 이슬방울을 털어내고
도시의 어둠속으로
동원되어야 한다

>

귀천의 냄새를 닦아내고
한 끼니의 식사와
뿌리 깊은 통증을 속으로 끌어안고
낯선 초인종을 눌러야 한다

그러다 힘이 부치면
뱃머리를 등 뒤로 돌리고
별빛이 스러질 때까지
나의 나약한 후회에
염장을 질러 숨을 죽이고
떠오르는 햇살에 헹궈내자!

햇살이 떠오를 때까지
일렁이는 파도에 헹궈내자!

엑소시즘

영원을 이야기하지 마라
네가 갈 수 있는 곳이 아니다

평생을 이야기하지 마라 네 평생에
검은 새들이 몇 번이나 죽어야 한다

외로워하지 마라
가만히 귀 기울이면
환풍기를 통해 옆집으로 통하고
송풍구를 통해서 밖으로 나갈 수 있다

수도꼭지를 열면 이내 강가에 이르고
좁은 오솔길을 따라 정수기는
계곡 깊은 곳의 샘물을 길어온다

에어컨은 전깃줄을 따라
강가의 화력발전소로 연결되고
나의 기억은 산골의 소식이 수군대는
댐가를 서성인다

나는 오늘 밤도 아랫집 부인 위에서 잠을 잔다
그러나 나의 벌거벗은 몸 위로는

윗집 부인의 실루엣이 겹쳐 있다
나는 몸을 돌려 옆으로 또 옆으로 눕는다

내가 화분에 심었던 수령 오백년의 나무들이
이곳에서는 제명에 죽지 못한다
어느 날 문득 황갈색의 죽음이
가지 끝에서부터 목을 조른다

얼굴

짝짓기 할 때 얼굴을 보지 못하는 새들도
자신의 암컷을 알아보는데
얼굴을 마주보는 우리는
왜 그리 쉽게 잊을까?
아마도, 그때 우린
눈을 감았기 때문일 것이다.

누군가 내게 뜨거운 키스를 퍼붓더라도
절대로 눈을 감지말자.
내 생에 어디서든 눈을 감을 때마다
그 얼굴이 떠오를 수 있도록
사랑할 때는 눈을 감지말자.

사이키

반짝이는 담뱃불 짙은 흐름
흔들리는 생각 속에 흐르는 숨결들
차마 드러내지 못하는 존재감
사이키는 그렇게 반짝였다

저음파의 투비트로 껍질을 통해 파고들면
밴드의 무거운 리듬 뒤에 서있는 무표정의 배경
가끔씩 움직이는 무대 아래로
그녀의 깊은 곳에 숨어있는 얕은 음모는
미소 밖으로 옅게 묻어나고
몸을 흔들 때마다 소리들은
땅을 짚고 어둠속으로 스며들었다

마지막 환영이 무수한 점으로 부서질 때까지
나는 한껏 나래를 편 채 광란했었다
그녀의 엉덩일 감싼 손은 왜 그렇게 큰지
나도 그 속에 있었다

갈색 슈트 위로 옅은 낙엽이 한 장 얹혀있다

가설假說

당신은
여자일지도 모르겠다가
여자였다가
여자이었을 것이었다가
한때,
여자였던 적도 있었을 것이다

당신은
이 세상에 못 올 뻔했다가
겨우 나타났다는 것을
몰랐을 것이나
언젠가,
모른 척 해야만 할 때가 올 것이다

당신은
스스로 존재한다고 생각할 것이나
누군가 힘을 주어 밀어내지 않았던들
회색빛 까마귀가 눈부신 이빨을 물고
동네 어귀의 미루나무위로
날아갔을 것이다

개껌

할아버지는 못마땅하면 '어미야'라고 불렀고

선배들은 맘에 들 때까지 내 이름을 불러댔다.

나에겐 아무도 대답하지 않는 세상!

우리가 지금까지 영원이라고 말해 왔던 것은

아주 짧은

말하는 사람의 한계였다.

동행

길 없이 어두운 곳에서
누군가 내게 손을 내밀어 준다면
그 자도 미아일 것이니
나이 먹은 미아일 것이니
속옷 레이스 끝이 풀리는 것이니
이제 내가 오지 말아야 할 곳의 냄새가
점점 짙어지는 걸 알겠다

경계의 끝에 서면
좌절하고 돌아간 이들이 남겨 놓은
짙은 이끼의 잔해에 덮여진 깊게 패인 손톱자국들
모르는 것이 아니라
기억을 불신하는 것
바다는 산에 오를 수 없어
해변의 절벽에 머리를 부딪치며 울고
산은 바다가 그리워
해변에 발을 담근 채
계곡에서 퍼 올린 울음 섞인 소리를
그녀의 동굴 속으로 헤엄쳐 보낸다

보이지 않는 것들과의 투쟁

죽어있는 모든 것들은 썩고
무너지고 흐트러진다

비겁해지지 않기 위하여
나는 돌을 들어 올리지 않고
그 밑으로 손을 넣어 더듬거렸다

어디 뭉클한 마디
옹이처럼 굳어 불퉁그러진
속살의 낮은 신음 속으로
미끄덩거리는 혼 밖의 정령 앞에
피투성인 채로 또 나는

무릎 꿇린 시험이라는 갈고리에
푸른 잡념의 목덜미를 꿰인 채
일그러진 답 하나를 선택해야만 한다

풀이 없는 곳에는 물이 없다
깨어진 추억과
부서진 바람만 떠돌 뿐
기억의 족쇄에서 벗어나기까지는
사람은 결코 죽지 않는다

>

마음에 묻어서는 결코 썩지 않는다

해설

외줄 타는 광대의 노래 : 언어(시인)의 위치 혹은 환멸의 저쪽

김석준 문학평론가

외줄 타는 광대의 노래 : 언어(시인)의 위치 혹은 환멸의 저쪽

김석준 문학평론가

'첫'은 운명이 침전된 진실의 언어이다. 아무것에도 훼손되지 않은 처녀림, 그러나 미숙한 바로 지대에 '첫'이라는 운명의 문자가 위치해있다. 시에 관한 순정한 마음이 읽혀지고, 강렬한 존재의 언어가 시말 속에 투사된다. 말하자면 안영민 시인의『꽃은 핀 자리에서 다시 피지 않는다』는 삶의 비의, 즉 죽음에 포획된 인간학을 시말로 발화시켜, 너 또는 나의 존재론적 의미를 영원의 위치에서 반조하는 참된 성찰의 언어라 하겠다. 따라서 '첫'은 삶의 곡면에 내파된 존재의 주름인 동시에 역동적인 펼침이 전개되는 총체적인 언어의 역량이다. '첫'에 모든 것이 받쳐지고 구속된다. 설령 그것이 불완전한 운명의 곡면 위에 기입된 숙명의 전언인 것만 분명하지만, 따라서 시말의 위치가 환멸과 정확하게 대응되는 것 또한 사실이지만, 안영민이 전개한 일련의 시말운동은 광대의 지난한 삶을 인간학으로 포월하는 극적인 순간, 즉 칸트적인 의미의 존재론적 전회가 일어나는 혁명적인 순간이라 하겠다.

진실을 지시하는 말과 극적인 상면이 이루어진다. 까닭은 말이 있는 곳에서만 영원을 압박하거나 영원 그 자체에 도달할 수 있는 시말이 존재하기 때문이다. 어쩌면 그것은 가장 극적인 존재론적 전회의 순간, 즉 자연인 안영민이 시인 안영민으로 탈바꿈하는 회심의 순간인지도 모른다. 숙명의 전언과의 조우 혹은 말과 맞바꾼 일상의 삶. 시인이란 저 말을 통해서 인간학을 영원의 자리로 끌어올리는 숙명의 사도이다. 외줄 타는 광대의 숙명의 가열한 노래가 온 누리에 펼쳐진다. 마치 안영민의 그것이 자본의 이념에 포획된 근대적 자아를 "검은 시간"(「검은 샹송」)에 응고시켜 불안하게 읊조리고 있듯이, 시말은 근현대인의 불안의 심연을 응시하면서 너 또 나의 삶에 주름진 슬픔 또한 위무하고 있다.

대저 웅장한 "파도의 꿈"(「비는 부고訃告에 이름을 올리지 않는다」)을 꾼다는 것은 가능한가? "어둠의 두께"(「애매미의 노래」)가 현대성의 한복판을 가로지를 때, 우리는 영원의 "향기"(「꽃씨」)을 몽상하여 밝은 미래를 상상할 수 있는가? 안영민 시인에게 '첫'은 강렬한 생의 기호, 즉 "죽은 것들의 사연"(「산」)을 받아 적는 순정한 마음의 편린이자, 그것을 영원으로 승화시키는 절대의 기호이다. 죽은 이에게 다가가 그들을 위무하고, 그들에게 영원의 기호를 헌사한다. 이를테면 시인은 아나톨 프랑스의 어릿광대 '바르나베'의 서사 어디쯤을 배회하면서, 영원의 균열을 시말로 봉합하고 있다. 물론 광대의 서사가 근대적 자아가 위치한 환멸의 어디쯤을 배회하는 것처럼 보이지만, 따라서 시인이 육화시킨 일련의 서사가 추락이 예정된 니체의 외줄 타는 광대처럼 보이기도 하지만, 시인은 그 광대의 모습 속에서 언어의 진실, 즉 근현대인들의 고독한 자아를 내밀하게 응시하고 있다.

언어를 통하지 않고는
내가 말을 할 수도
네 말을 들을 수도 없다는 것을
뒤늦게 깨닫고
이렇게 너에게 말을 건넨다.
—「시인의 말」 부분

뒤늦은 깨달음 혹은 진리에 이르는 참된 존재의 길. 시인에게 언어는 숙명이다. 말이 있는 곳에 진리가 있고, 너 또는 나의 인간학적 진실이 매개되어 있다. 자연인 안영민에게 말은 깨달음의 장소이다. 말은 세상과 이어진 소통의 통로이자, 내가 나를 술회할 수 있는 참된 자아의 성찰의 장소이다. 특히 안영민 시인의 그것은 말을 찾아가는 지난한 삶을 도정을 세밀하게 드러내 보여주고 있는데, 그것이 바로 광대에 매개된 언어의 실체이다. 말—세계가 곧 존재의 빛을 밝혀주는 영원의 표상이다. 아니 보다 정확하게 말해서 시인에게 언어는 이 세계를 표현하는 절대적인 주체이기도 하다. 말이 없으면 너도 없고, 나도 없다. 말은 너 또 내가 완벽한 영원에 이를 수 있는 유일한 길이다. 특히 안영민 시인은 자신에게 속한 그 모든 것들을 광대의 서사라고 언표하면서, 삶—시간—세계에 투사된 존재의 음영을 근현대인들의 자아에 응고시켜 섬세하게 그려내고 있다.

시는 무용이다

노래보다 더 노래 같고

그림보다 더 그림 같은 춘희다
사랑이라는 말에 인색한 수전노다
—「나의 춘희」 부분

시란 창녀 마르그리트이다. 시란 신체의 언어 "춤"이다. 더 나아가 시란 진실한 사랑의 전언, 즉 마르그리트와 아르망 사이에서 전이되는 영육의 완벽한 구원의 실재일 뿐만 아니라, 너 또는 나를 진리에 이르게 만드는 가교이다. 물론 시인의 그것이 뒤마의 소설 『춘희』나 베르디의 오페라 『라트라비아타』 어디쯤에서 생성된 사랑의 모습을 상상하고 있지만, 기실 그 사랑이라는 것도 따지고 보면 "흉터", 즉 이 세계가 만든 "고통"의 흔적에 지나지 않다. 시인에게 춘희는 시의 간절한 "숨통"이자, 사랑의 "인색한 수전노"이기도 한데, 그것은 바로 인간학이 존재하는 이중적인 의미의 방식, 즉 양가감정이 표현되는 진실의 장소인 까닭에 그러하다.

마치 시의 집이 안온한 몽상만으로 구조를 이루고 있지 않은 것처럼, 안영민의 그것은 "짙은 가뭄" 끝에 도래하는 슬픔의 서사이거나 고통의 끝자락에서 만개하는 연꽃의 그윽한 향기인지도 모른다. 왜냐하면 시인의 춘희는 진실한 사랑을 열망하는 "바다의 꿈속"(「섬」) 같은 이 세계의 마지막 희망이기 때문이다. 설령 시인이 술회한 광대의 노래 전체가 "아득한 어둠"(「일출」) 속으로 "추락"(「스무날비 내리던 날」)하는 근현대인들의 자아의 지난한 삶—시간—세계를 시말로 육화시켰지만, 그것은 바로 사랑의 행로, 즉 춘희가 견디어내야만 하는 사랑과 운명의 제의라 하겠다. 때론 애달픈 마르그리트 고티에의 사랑의 심연을 반추하면서, 때론 "통한의 치부" 어디쯤을 서성이면서, 시인은 근현대인의 사랑의 방식을 광대의 전언으로 술회하고 있다.

아직 울 힘이 남아있는 자는 실컷 울어라!
아직 웃음이 남아있는 자는 실컷 비웃어라!
아버지의 세상에서도 이루지 못했던 약속
나의 세상에서 끝낼 수 있을 거라고
남쪽 하늘에서 동쪽 끝으로 무지개를 그리며 따라간
고개를 들 힘도 없고
시선을 돌릴 힘마저 없어질 때까지
오직 응시하는 그곳에서 만나자!

나는 나의 광대가 되고
나의 광대는 내가 되기도 하는 그곳에서
내가 잠든 동안에도 집들은 지어지고
공장들은 불은 끄지 않을 것이다.
—「나의 광대」 전문

나는 익명의 K이고 광대다. 나는 나의 광대이고 너의 광대이다. 우리 모두는 계보학적으로 광대의 후손이다. 왜냐하면 니체가 『차라투스트라는 이렇게 말했다』에서 말한 것처럼, 근대적 자아는 위태위태하게 외줄 타는 광대와 별반 다르지 않은 추락이 이미 예정된 자이기 때문이다. 오직 "그곳"을 향해 앞만 보고 질주하지만, 그곳은 도달 불가능한 자본의 환상이거나 추락이 예정된 운명의 저편, 즉 환멸의 세계상이다. 따라서 안영민 시인에게 "무지개"는 환상이고 가상이다. "공장"에서

지난한 노동의 하루를 힘들게 견디어내지만, 더 나은 희망을 꿈꾼다거나 밝은 미래를 몽상하는 것은 가능하지 않다. 환멸에 포획된다. 말하자면 시 「나의 광대」는 "아버지의 세상"과 자식의 세상 사이에 매개된 희망이라는 "약속"이 그리 신뢰할만한 것이 되지 못할 뿐만 아니라, 종국에는 모든 "힘"이 소진된 절망의 끝자락에 다다라 이 세계 전체가 환멸의 체계를 이루고 있음을 드러내 보여주고 있다.

근대적 자아는 노동에 받쳐진 물화된 객체이자, 희화화된 광대의 운명적 삶이다. 따라서 광대의 노래는 "핏빛 외침"(「오서산 Ⅱ」)으로 점철된 노동의 삶을 대변하는 근현대인의 모습을 묘파한 것인 동시에 역으로 나에게서 시작해 다시 나에게로 재귀하는 영원회귀의 운명성을 설파하는 초인의 노래이기도 하다. 삐딱하게 응시하고 초점화된다. 아니 그곳을 "응시"하는 시선점은 가열한 삶을 살아가는 근현대인의 존재론적 위상을 표상하지, 이념의 숭고한 이상을 결코 지시하지 않는다. 오늘도 시인은 외줄 타는 광대처럼 문명의 일상을 살아가지만, "끊임없는 좌절"(「아웃사이더의 入城」)만이, 자본 앞에 몰락하는 운명만이 인간학적 진실을 지시하고 있다는 사실을 깨닫게 된다. 생의 앞뒷면은 차폐로 가로막히고, 희망의 저편에 "재갈"(「빈들」)이 물려 너 또는 나를 추락하는 삶으로 이끈다.

어쩌면 자본의 욕망만으로 구조를 이루고 있는 근현대인들에게 너 또는 나는 삶의 주체가 아닌 객체, 사물화된 대상, 야유와 조롱의 대상인 광대인지도 모른다. 마치 『꽃은 핀 자리에서 다시 피지 않는다』에 육화된 일련의 시말운동이 근현대적 자아를 표상하는 광대의 내포적 의미와 외연적 범주를 드러내 보여주고 있듯이, 안영민 시인은 근현대인의 일상적 삶을 광대의 모습으로 투사시켜 인간학의 진실을 원근법적인 시선으로 투명하게 밝혀내고 있다. "잎새"(「자귀목 연가」)는 꽉 막혀 있고, 삶은 "공포의 빛"(「숲으로 가는 새들의 저녁」)에 사로잡혀, 네크로필리아만을 욕망하는 탐욕스러운 근현대인의 모습을 광대의 모습에 응고시켜 가열한 세계상을 직설적으로 그려내고 있다.

> 은유의 시대는 갔다 미안하지만, 보일 듯 말 듯 은밀한 세상은 이제 없다 보여주고 모두 드러내고도 미치지 못하는 극한極限 외에는 더 이상 없다 지면을 가득 채운 격정적인 표현들 공중파 그 어디 조금의 숨김이 들어있지 않다
>
> —「예각의 소리」 부분

> 내가 어려서 아무것도 결정할 수 없을 때
> 많은 것들은 까닭 없이 거절되었고
> 모든 것을 결정할 수 있게 되었을 때
> 어떤 것도 스스로 내게 굴복하지 않았다
>
> —「잔혹한 시간」 부분

> 어느 날 내가 알던 내가 죽었다
> 케이, 사람들은 모두 침묵했다
>
> —「무명無名」 부분

> 나는 문뜩
> 싼 것과 비싼 것의 사이에
> 끼었음을 깨달았다

—「절름거리는 무대」 부분

신의 죽음과 더불어 상징이 살아 숨쉬는 "은유의 시대" 또한 이미 종말을 고한지 오래다. 나는 너의 광대이고, 너는 나를 향유하는 절대적 주체이다. 너 또는 내가 상호 물화된 광대로 전락했으며, 항상 "극한極限"의 상태에 이르러 "굴복"의 나날들을 강요받기에 이른다. 물론 시인이 전개한 일련의 시말운동이 자신에게 속한 운명적 삶을 광대의 비유로 그려 보이지만, 혹은 "격정적인 표현"만이 난무하는 "직유"의 시대를 살아가는 근현대인에게 다가가 그들의 심혼을 위무하는 것처럼 보이지만, 시말은 자본의 심연에 기입된 균열을 예각화하여 너 또는 나에게 부과된 불평등을 섬세하게 그려내고 있다. 이를테면 "공공의 이익"이나 "인간의 존엄"이라는 미명하에 자행되는 근현대인들의 모습을 "슬픈 아버지 색깔"로 그려보면서, 현대성이 표현해내는 징후를 잔혹극의 직설화법으로 묘파하고 있다.

"잔혹한 표현"이 난무하고 "당신의 기도"는 진리에 가닿지 못한다. 아니 보다 정확하게 말해서 외줄 타는 광대의 노래는 언어의 진실을 세계의 진실로 그려 보이지만, 그것은 이내 "붉은 피"로 응결되어 너 또는 나를 "잔혹한 시간"의 서사로 서술하기에 이른다. "결정"과 "거절" 사이의 불일치 혹은 "무보수의 연수과정". 자본의 이념 앞에 우리는 늘 웃음 파는 광대의 나날들을 살아가도록 강요받는다. 미필적 고의가 난무했으며 너 또는 나는 영원한 자본의 타자로 몰락하게 된다. 따라서 "까닭" 모를 "굴복"이 암묵적으로 강요되었으며 마침내 인간학의 심연에 "두려움"을 침전시키게 된다. 속울음 삼키며 지난한 노동의 나날들을 힘들게 견딘다. 설령 안영민 시인의 그것이 광대의 미소를 지어보이며 근현대인의 자아를 "그늘진 골목"에 응고시키지만, 어찌 광대의 노래가 언어의 진실을 지시할 수 있겠는가?

익명으로 사라지고 익명의 기호로 죽어가는 잔혹한 "무명無名"의 노래만이 공명할 뿐이다. 우리는 J, Y, K로 존재하는 익명의 타자이다. 소리 소문 없이 이 세계 내부로 들어오고 또 "침묵"의 기호로 소멸되는 익명의 타자가 바로 광대가 지시하는 언어의 진실이다. 아니 보다 정확하게 말해서 자본의 이념에 포획된 너 또는 나는 카프카의『심판』의 주인공 K처럼 개같이 죽어가는 몰락의 징후이거나 성정체성이 모호한 퀴어의 사랑이다. 너는 그 또는 그녀이다. 너는 J이자 Y이고, 침묵으로 탄화되는 익명의 K이기도 하다. 왜냐하면 존재란 잔혹한 "한때"를 통과하는 시간의 과객이자, 익명으로 소멸하는 K의 "흔적"(「전조前兆」)일 뿐이기 때문이다. 설령 "이름을 가진 것들은 숭고하"(「무명 Ⅱ」)고 또 의미의 명확한 주체처럼 간주되는 경향이 있지만, 궁극적으로 그것은 "멸시"받는 광대와 별반 다르지 않은 자본의 절대적 타자라는 사실을 직감하게 된다.

그 결과 21세기를 살아가는 현대인에게 근대인의 표상인 니체의 광대는 끼어있음의 "환영"(「사이키」)에 포획된 무기력한 타자이다. 다시 말해서 우리는 너나 할 것 없이 자본의 "상처"와 "혈흔"이 만든 "절름거리는 무대" 위에 서게 되는데, 그것이 바로 안영민이 묘파한 광대의 참모습이다. 자본으로부터 소외된 모든 타자는 자본의 광대다. 근현대사를 이끄는 엄밀한 주체가 바로 바로 자본인 한, 혹은 자본의 향유가 인간학을 결정하는 주체로 표상되는 한, 너 또는 나는 그저 "싼 것과 비싼 것"

사이에 존재하는 자본가의 너저분한 잉여적 산물일 뿐이다. "배고픈 색깔"(「쏠빛」)만이 "기억의 끈"(「귀향 104」)에 들러붙어 그저 노동의 나날들을 "울음"으로 가득 채우게 되는데, 그것이 바로 근현대인이 처한 광대의 모습이라 하겠다. 나는 자본에 끼인 몰락하는 운명이다. 나는 "침묵의 강"(「기도」)으로 침몰하는 타자이다. 특히 안명민의 시인의 광대의 노래는 온전한 삶이 불가능한 근현대인의 자화상을 내밀하게 응시하면서, 너 또는 나의 인간학적 사태를 시말 속에 응고시킨 타자의 노래이다.

이른 아침마다 연신 되뇌는 어미의 처염한 울림이 높은 공간으로 떠올라 비로소 내리는 소원의 씨앗들 사방으로 흩날려 비처럼 스며들 듯 홀연 햇살의 지극한 눈길 속에서 꿈처럼 피어나는 것!

태생이 광대는 아니었으나 어느 날 뿔이 돋아 꼭두각시가 되었다.

—「광대의 기도」 부분

그녀는 나를
자식이라며 애지중지 키웠고
말썽을 일으킬 때마다 잘 못 키워 그렇다며
스스로 고상아래 무릎 꿇고 수많은 밤을 지세우곤 했다
—「광대의 뿌리」 부분

나는 절망의 단어를 떠올리며

늙은 초상화를 벽마다 걸어보곤 하는 것이다

외로움이라는 공간을 지각한다는 것은 슬픔이다
—「광대의 공간」 부분

가난은 무성無性의 냄새로 증발되어버린 텅 빈 밥그릇
구멍 뚫린 생의 껍질을 붙들고
단 한 점의 꽃눈을 밀어내기 위해
허기진 시선을 내려놓아야 한다.
—「광대의 꽃」 부분

나는 소설을 모른다.
다만 어머니가 쓰신 육필 원고를 읽어 본 기억이 있다.
—「광대의 소설」 부분

나는 광대다. 그리고 너도 광대다. 나 또는 나는 위태로운 외줄 위를 질주하는 운명의 타자이다. 인간학은 광대에서 또 다른 광대로 재귀하는 숙명의 기호이다. 특히 안영민의 『꽃은 핀 자리에서 다시 피지 않는다』는 인간학 전체를 "광대"의 서사에 응결시켜 드러내 보여주고 있는데, 그것이 바로 근현대인이 직면한 자아의 실상이다. 그것은 "태생"의 문제가 아니다. 그것은 존재가 직면한 현사실적인 사태, 즉 자본으로 세습되는 계급의 문제이다. 그러므로 시인에게 광대란 시대의 표상, 자본과 그것의 이념이 표출하는 진실의 체계이다. 다시 말해서 안영민은 광대의 존재론적 양태를 "어미의 처염한 울림"으로 공명시키면서 너 또는 나에 부과된 "꼭두각시"의 삶을 자본화된 계급의 양태로 서사화하고 있다. 니체가 근대적 자아를 광대로 비유한 이래로 우리는 인형조종술에 놀아나는 자본의 완벽한 노예이다.

어머니의 기도는 진실의 언저리에 가닿지 못한 채, 추락과 반목의 나날들로 재귀하는 아들의 운명적 삶과 정면으로 마주서게 되는데, 그것이 바로 근현대사를 지배하는 자본의 존재방식, 즉 광대의 삶이다. "서러운 빛깔"(「슬픈 항해」) 혹은 "영원"과 "황갈색 죽음"(「엑소시즘」) 사이의 존재론적 거리. 우리는 "알 수 없는 말"(「경계」)들에 붙들린 채, "소원"을 방언처럼 되뇐다. 물론 그 소원이라는 것도 따지고 보면 "꼭두각시" 타령이기는 매한가지지만, 시인에게 기도는 광대의 숙명, 근대적 자아가 직면한 고난을 돌파하는 유일한 비상구이다. 그러나 기도는 자본에 닿지 결코 하늘에 닿아 그 뜻을 이루는 경우가 한 번도 없다.

오늘도 어머니는 "고상아래 무릎 끓고 수많은 밤"을 뜬눈으로 밤을 새운다. 아니 광대의 기도는 저 하늘에 닿지 못한 채, 너 또는 나를 "말씽"의 한가운데로 몰고 가 "광대의 뿌리"를 재생산하는 운명의 악순환을 되풀이하게 되는데, 그것이 바로 자본의 이념에 투사된 광대의 진실이다. 광대는 광대를 낳고, 자본가는 자본가를 낳는다. 21세기가 그리 아름답지 않은 것은 인간학으로 포장된 이성의 체계가 철저하게 자본의 이념의 주구로 전락한 채, 너 또는 나를 기만하고 있기 때문이다. 이성이 도구적 이성으로 몰락함과 동시에 인간학적 진실이 완벽하게 은폐된다. 나는 내가 광대인 것조차 모른다. 마치 니체의 계보학이 르쌍띠망으로 그 체계를 이루어 미래가 아닌 죽음의 형식으로 원한을 투사시키고 있듯이, 우리는 광대와 자본가 사이의 균열을 환상의 이념으로 봉합한 채 "망상의 옵션"(「클론드」)을 유토피아처럼 향유하는 것으로 착각하게 만든다.

세상의 가장 안쪽, 즉 자본의 진실에 가닿지 못한다. 그곳은 광대가 도달할 수 없는 담론의 중심, 즉 권력과 자본이 생산되는 절대의 공간이다. "가학적 참회"와 "승화"(「회전축과 차륜」)의 거리 혹은 "환희와 망각의 틈새"(「불이야」)를 가르는 존재의 불꽃. 대저 광대에게 허여된 공간의 참된 정체는 무엇인가? 시인이 "광대의 공간"을 술회하면서 "절망"과 "외로움"을 떠올릴 때, 근현대인에게 부과된 인간학적 진실은 무엇인가? 안영민의 그것은 진지하게 노동과 소외의 나날을 광대의 서사로 응결시켜 자신의 "속내"(「7월, 목련꽃 붉다」)을 가감 없이 드러내 보여주고 있다. 처연한 인간학적 "슬픔"이 매만져진다. 어머니의 가열한 삶도, 아버지의 운명적 서사도 다 슬픔과 외로움이 직조한 절망의 서사이자, 너 또는 내가 직면하는 광대의 서사이다. "뿌리", 즉 근원은 동일하고, 숙명은 다시 그 자리로 재귀해, 광대는 늘 광대를 낳아 추락하는 운명의 수인으로 몰락하게 된다.

이를테면 안영민의 광대의 서사는 니체의 동일자의 영원회귀이거나 근대적 자아가 직면하는 인간학적 진실, "성숙"과 "늙음"의 원근법적 거리를 가늠하는 시간의 진실이다. 마치 "광대의 꽃"이 "눈물의 꽃눈"으로 승화되는 지점에서 발아하듯이, 너 또는 내가 피우는 존재의 꽃은 언제나 "가난"이라는 단면도에 투사된 자본의 어두운 "그림자"를 반조하게 된다. 근현대인에게 자본은 숙명이고, 진실이자, 외줄 타는 광대가 맞닥트린 인간학의 현사실적 사태의 중심이다. "허기진 시선"이 단단한 "생의 껍질", 즉 자본의 심연을 관통한다. 아니 시인이 묘사한 일련의 광대의 외연적 사건들은 자본의 앞뒷면에 놓은 인간학적 진실을 서사화한 것인데, 그것이 바로 근현대인에게 부과된 언어의 실체이다. 다시 말해서 안영민 시인에게 언어는 광대의 서사에 침전된 인간학적 진실을 규명하는 유일한 도구이자, 역으로 근현대인에게 부과된 자아의 참된 모습, 즉 진실 그 자체를 지시하는 유일한 실재이다.

마치 광대의 서사가 "어머니"와 "아버지"의 삶—시간—세계 내부에서 계보학적으로 기원하고 있듯이, 시인의 그것은 우리네 서민들의 삶의 모습을 광대로 비유하면서 너 또는 나에 응고된 인간학적 진실을 "육필 원고"로 재구성하고 있다. 어쩌면 가열한 자본의 세기를 살아가는 근현대인들에게 너 또는 나는 누구나 다 "소설", 즉 서사의 주인공이 될 수 있을 뿐만 아니라, 자본의 표현법을 완수하는 절대적인 객체인지도 모른다. 왜냐하면 너 또는 나는 이미 추락이 예정된 비극적 서사의 주인공인 광대의 자격을 충분하게 지니고 있기 때문이다.

어떤날은꿈에서조차생각치도못했던일들이일어나기도하고
어떤날은스쳐지나가는낯설은얼굴들을보며까마득하니기억의
저편으로잊혀졌거니하는얼굴이생각나기도하고어떤날은아무
런까닭없이도혼자서스스로울컥하며괜스레감정이복받쳐눈시
울이붉어지기도하고날씨가맑고봄햇살이가만히와닿는양지쪽
을지나게되는어떤날은내마음속에서파랗고도붉고노란새한마
리날이니오기도하고비가질척질척내리는어떤날은처마끝에서
방울방울져떨어지는빗물방울을창가에기대어그저아무런의미
도없이바라보기도하고그렇게그렇게나의시간들이가는가싶은
어떤날은향기도없는꽃들이피어나바람에일렁거기며나비며벌

을유혹하기도하고어떤날은밤늦게까지술에쩔다밖으로나와함
박눈이수북히내려누구도지난발자국하나없는길앞에서서발떼
기를주저하기도하고어떤날은낙엽쌓인거리를걷다가가지끝에
달랑하나남은빛바랜나뭇잎한장흔들리는바람에내마음을실어
놓고지나치기도하고홀연히밤하늘어둠이달을갉아먹어가냘퍼
지고별들도아스라히춥게움츠린어떤날은불현듯옷깃을여미며
입김을불어보기도하고어떤날은아침에깨어아마도어제있었을
가슴멍한일들이차라리꿈이었으면하고내처일어나지못하고몸
을뒤척여보기도하고살랑이는바람과새싹푸른나무와무수한풀
들사이로난숲길을따라걷던어떤날은발밑으로밟히는생명처럼
아픈척해보기도하고햇살따뜻한사오월의오후어떤날은먼산을
향한테라스한켠벤치에앉아나이많은내이야기들을생각하는사
람들을떠올려보기도하고어떤날은그어떤날에있었던일들과있
었을일들이벌어지기도하는그어떤날의깜깜한기억을띄워보기
도하는그런어떤날이있다.

—「그 어떤 날에」 전문

개연성이 지배하는 "그런 어떤 날"에 시선이 집중된다. 광대의 나날은 그리 특별한 시간의 운동이 아니라, "멍"(「지난 계절의 빗장」)과 "꿈" 사이에 기입된 존재의 흔적들이거나 "연민과 번민의 뿌리"(「팬터마임」)가 리좀처럼 증식하는 역동적인 존재의 운동이다. 그 어떤 미지의 그날에 인간학과 진실을 위하여 "기도"를 올린다. 아니 안영민 시인의 시 「그 어떤 날에」는 『꽃은 핀 자리에서 다시 피지 않는다』에 육화된 일련의 시말운동을 총체적으로 대변하고 있는데, 그것은 바로 근현대인이 직면한 "생명"의 시간에 관한 담론적 사유를 광대의 삶에 응고시킨 것이라 하겠다. "생각의 저편"(「흔적」)으로 사라진 "기억" 혹은 "의미"의 완벽한 해체. 어떤 날이 나타났다 이내 사라져 인간학적 진실을 레테의 저편으로 부려놓는다. 마치 전혀 예기치 못했던 시간의 운동이 "어떤 날"에 응고된 언어의 진실을 지시하듯이, 시인의 그것은 광대의 시간에 내파된 자본의 가열한 현실을 담담하게 그려내면서 너 또는 나의 마음을 위무하고 있다.

때론 "눈시울" 붉히며 살아왔던 시간의 흔적을 섬세하게 묘파하면서, 때론 까닭 모를 슬픔으로 인해 절망의 심연에 당도했던 "기억의 저편"을 암울하게 떠올리면서, 시인은 자신에게 속한 낱낱의 서사를 "이야기"의 형식으로 술회하고 있다. "고별"을 고했던 그 어떤 날을 추억하며 "뜨거운 눈물"(「묵언」)을 흘리며 광대의 서사를 반추하고 있다. "방울방울" 아롱져 너 또 나의 심혼의 가장 안쪽에 색인된 슬픔을 매만진다. 말하자면 시인이 전개한 일련의 시말운동은 "어떤"이라는 불특정한 시간에 기입된 일련의 사태를 광대의 전언으로 술회하면서, 너 또는 나의 자취에 새겨진 일상의 의미를 "가슴 멍한 일"이라고 명명하고 있다.

광대의 나날들이 무의미하게 소진된다. 마치 오늘이 어떤 날로 소거되고, 또 "낯 설은 얼굴"들이 일상의 심연으로 사라져 익명의 무로 탄화되듯이, 너 또는 나는 환멸을 추인하는 운명의 타자이다. 모든 것이 익명화된다. 인간학의 진실이 J였다가 Y로 코드 변환되어 종국에 K로 몰락하는 시간의 도정을 반복하듯이, 우리는 그 어떤 날을 그렇고 그렇게 살아내다가 결국 사라져 소멸하는 의미의 파편일 뿐이다. 어쩌면 근현대인에게 시간은 보르헤스가 말한 것처럼, "차라리"에 응고된 칠

흑같이 어두운 환상인지도 모른다. 아니 시간을 아날로그에서 디지털로 분절한 근현대인에게 "그 어떤 날"들을 살아간다는 것은 하나의 환영처럼 사라지는 가상을 향유하는 허망한 운동에 지나지 않다. 물론 시인이 묘파한 일련의 어떤 날의 풍경들이 인간학적 진실을 가감 없이 드러내는 시간의 실체이지만, 그것은 근현대인에게 그리 신뢰할만한 것이 되지 못한다. 아니 역으로 근현대인에게 진실은 "별"이나 "꽃"에 속한 희망의 전언이 아니라, 욕망하는 자아가 맞닥트린 광대의 우스꽝스러운 몸짓 그 자체이다.

> 나의 낙오는 채찍을 두려워했던가!
>
> 나의 빗줄기들은 허리가 약했고 범람을 참아내지 못했다.
>
> 나의 햇볕은 나뭇잎 한 장의 두께를 뚫지 못했고,
>
> 나는 흔들리는 그 어둠 밑에서 얼뜬 신음을 해야 했다.
>
> 나의 결재決裁는 빨간 펜으로 갈가리 찢어졌고
>
> 나의 섹스는 오르가스마트론을 당해내지 못했다.
>
> —「파경破鏡」전문

광대의 기도는 진리에 가닿지 못하고, 광대의 희망은 환멸을 지시하는 불만족이다. 모든 것이 산산이 해체되어 뜯겨져 나간 채 너저분한 욕망의 자리에 가닿는다. 까닭은 근현대인에게 부과된 욕망의 함수가 가학과 피학 사이에서 조장되는 아주 이질적인 관능의 향유이기 때문이다. 모든 것이 위장되고 초자아의 이름으로 과도하게 은폐된다. 아니 이성적인 초자아로 문명의 외양을 포장한 근현대인에게 "파경"은 이미 예정된 삶의 행로이다. 강력하게 "채찍"이 가해진다. 리비도의 저편 혹은 경쟁과 "낙오"의 나날들. 대저 우리는 어떤 날들을 점점이 색인하며 환상의 세기를 건너는가? "짐승의 냄새"(「불안한 거리」) 풀풀 날리며 리비도의 심연에 가닿기를 원하지만, 문명은 항상 그 심연에 불만족, 즉 욕구불만을 양산할 뿐 더는 만족스러운 향유에 다다르지 못한다. 불능 혹은 변태성. 너와 나 사이의 관계는 "채찍"을 매개로 퀴어한 변태성에 사로잡혀 있을 뿐만 아니라, 더 이상 "얼뜬 신음"으로 만족을 위장하지 않아도 된다. 물론 가학과 피학 사이에 계약관계가 성립하면, 혹은 마조히즘과 사디즘 사이에 일종의 채찍이라는 완충지대가 존재하는 한, 너 또 내가 추구하는 만족의 형태는 그리 변태적이지 않다. 아니 조르주 깡길렘이 『정상과 병리』에서 말한 것처럼, 또는 들뢰즈가 『매저키즘』에서 말한 것처럼, 우리는 정상과 비정성의 경계를 명확하게 구분할 수 없을 뿐만 아니라, "오르가스마트론"을 통해서 성의 탈성화를 이룩하는 최적의 만족을 성취하게 된다. 어쩌면 이미 파경이 예견된 근현대인들에게 "날개도 없는 사랑"(「동침」)의 형식은 바따이유 식의 에로티즘(죽음까지 파고드는 삶)의 영원한 반복만이 예정되어 있는지도 모른다. 축적과 소모의 변증법적 경제학적 지평 위를 활보하며 만족과 불만족의 경계를 무한히 질주하다가 삶을 완벽한 죽음으로 인도하는 것으로 종료하게 될 것이다. 에로티즘이 완성되는 절대의 경지에 도달하게 된다.

아침에 일어나 눈을 뜨는 흐트러진 질서
나의 지금은 벌써 죽었다.

이쯤 살았으면,
생각하는 순간 지나가 버리는 것들
억지로 잡아 지면에 가두려는 이 행위를 통해서만
영원을 구할 수 있다는 것인가?

나는 어두움이 짙어지는 이 비 젖은 풀숲에서
벌레처럼 서럽게 우는 방법을 모르겠다.
—「핸디캡」 전문

외줄 타는 광대에게 허여된 "생의 기럭지"(「일출제」)를 측량하는 "진실의 창"(「클론드」)은 어디에 있는가? 근현대인들에게 "영원"으로 봉인된 진실은 아포리아이자, 너 또 내가 빠진 시간의 함정이다. "지금"이 존재하자마자 사라진다. 지금은 존재하는 순간 비존재로 몰락한다. 만약 지금이라는 현존이 그와 같다면, 나는 무엇이며 또 너는 어디로 향하는 운명의 타자인가? 시 「핸디캡」은 자못 진지하게 지금이라는 "순간"에 포획된 너 또는 나의 인간학을 심문하고 있는데, '지금이라는 순간이 죽은' 나는 살아있는 나인가? 죽어있는 나인가? 도대체 지금의 소멸 속에 나는 어떤 의미의 주체로 존재하는가?

"어제의 비늘"이 "망각의 흠집"(「시월 십사일 수요일」) 사이에서 완벽하게 절멸에 이른다. 존재의 "무게"(「사각의 희망」 중)는 저 영원이라는 시간의 작용 앞에 참을 수 없이 가볍다. 물론 인간학이라는 운명의 기호가 "감춰야 하는 원형"(「자아도취」)들로 자신의 체계를 굳건하게 떠받치고 있지만, 그것은 "억지"에 봉인된 영원의 단편, 즉 소멸하는 바로 지금 이 순간이다. 마치 보들레르와 랭보의 상징주의가 편협한 영원의 전유적 국면을 파편처럼 표현한 것이듯이, 우리는 그저 영원을 언어라는 "지면"을 통해서만 탈마법적으로 표현해낼 수 있을 뿐이다. 역으로 영원의 표현법은 언어라는 지면에 갇힌 순간에만 진실이 포획되지만, 우리가 표현한 영원이 영원의 파편이거나 죽어버린 영원의 사체라는 사실을 바로 직감하게 된다. 어쩌면 안영민 시인이 고민했던 주제, 즉 광대의 다양한 전언들은 영원 앞에 위치한 근현대인들의 우울한 자화상을 반조한 존재의 음영인지도 모른다.

"흐트러진 질서" 혹은 카오스에 포획된 21세기. 대저 우리는 어떠한 태도를 견지한 채 그 어떤 날을 살아가며 영원 앞에 도달하는 숙명의 타자인가? "어두움"이라는 몰락에 이르는 도정만이 영원 앞에 놓인다. 아니 역으로 몰락은 영원에 도달하는 입구이거나 "서럽게 우는 방법"을 알게 되는 진실의 장소가 영원의 역설적인 위치인 동시에 지금이 위치하는 진리의 장소이다. 지금이 사라진다. 나는 무엇인가? 가면을 쓴 광대인가? 몰락의 징후인가? 이도저도 아니면 영원 앞에 선 바람의 등불인가? 오늘도 우리는 지금 이 순간의 사라짐 속에 언 듯 영원의 표상을 응시하고 있는지도 모른다.

밤 열두시가 넘도록 불을 밝힌 채 나는
흐린 물속을 떠다니는 물고기다

새벽 두시가 되어도 불을 끄지 못한 채 나는

집채보다 큰 두려움에 쫓겨
밤새 달아나야 하는 새 발의 피다

각혈을 토해내며 궤도는 절단되었고
나는 아직도 가위눌린 채
소리도 없는 비명을 지르며
끊임없는 깊이의 물속으로 빨려드는
흡혈충이다

어둠속에서 고개를 치켜들고 훅훅
빨아들일 듯 덮쳐오는 검은 구멍들
불을 켠 채 잠을 청해야 하는 붉은 밤들이 있다
—「붉다」 전문

광대의 나날들이 붉게 달아올라 불면의 나날들을 보낸다. 애초부터 근현대인에게 부과된 인간학적인 삶은 불안에 근거한 경쟁의 나날들이다. 따라서 시인에게 불안은 선험적 가정이자, 시말이 추동되는 언어의 궁극적인 자리이다. 이를테면 『꽃은 핀 자리에서 다시 피지 않는다』는 "두려움"에 포획된 근현대인의 모습을 "물고기"와 "흡혈충"으로 비유하면서, 광대에게 허여된 숙명을 "검은 구멍"에 투사시킨 작품집이라 하겠다. "가위"에 눌린다. 가위에 짓눌려 온전하게 하루를 향유하는 것이 더 이상 가능하지 않다는 사실을 직감하게 된다. 불안의 나날들에 포획된 채 "각혈"을 했으며, 더는 밝고 투명한 꿈들의 나날을 몽상하는 것이 불가능하다는 사실을 체험하게 된다.

자본의 위압적인 위용 앞에 너 또는 나는 "새 발의 피"일 뿐만 아니라, 공포에 포획된 채 "비명" 한번 제대로 내지르지 못하는 무기력한 타자이다. 까닭은 니체가 신의 죽음을 선언한 이후 이 세계는 서로 공명하며 인간애를 구현하는 상생의 공간이 아닐 뿐만 아니라, 너 또는 나를 꿈의 공간, 즉 낙원이라는 유토피아로부터 추방시켰기 때문이다. 특히 자본의 이념이 공고화된 21세기는 희망의 세기가 아니라, 너 또는 나를 자본의 타자로 종속시킨 채 암묵적인 폭력을 자행하는 절망의 세기이다. 대저 우리는 경쟁만이 최고의 덕목으로 간주하는 이 시공간 속에서 안온한 몽상의 꿈을 꿈꾸며 행복한 미래에 도달할 수 있는가? 불가능하다. 그저 밤을 핏빛으로 붉게 물들이면서 너 또는 나를 "어둠"의 심연 속으로 추락시키는 표현법을 완수하는 것이 자본의 이념을 성취하는 유일한 방법이다.

어쩌면 시인이 묘파한 일련의 시말운동은 너 또는 나, 즉 근현대인이 위치한 존재론적 위상을 가감 없이 드러낸 것인지도 모른다. "명분名分의 씨"(「아웃사이더의 入城」)는 허울 좋은 가상이고, "가슴이 멍울지는 탄식"(「스침」)만이 광대의 공간을 가득 채우게 된다. 생에의 공간 전체를 검붉은 핏빛으로 적시면서 오늘도 우리는 비정상적인 "궤도" 위를 불안 불안하게 광대처럼 질주하고 있다. 분명 생에의 형식 전체를 죽음의 형식으로 전이시키는 몰락에 이르러 두려움에 떨고 있을 게다. 발을 헛디뎌 낭떠러지로 추락중일 게다.

나에겐 아무도 대답하지 않는 세상!

우리가 지금까지 영원이라고 말해왔던 것은

아주 짧은

말하는 사람의 한계였다

—「개껌」 부분

이젠 허공에 집을 짓지 마라! 대지 위에 주춧돌을 쌓고 두발 굵기의 기둥을 세워 불후不朽의 집을 지어라! 헛된 구름과 타협하여 번개를 부르지 말고 푸르고 푸른 하늘과 맑고 드높은 창공과 아침이면 이슬 속에서 풀들이 돋아나게 하고 한가한 날에는 비를 불러 먼지 가득한 노로를 닦아라!

—「사방치기」 부분

나는 나비가 가지 끝에 벗어버린 허물 틈새로 열린 하늘을 한참 들여다보았습니다. 맨 처음, 아무것도 없는 허물이 보이고 차차로 허무 속에 들어앉은 하늘이 보일 때까지 시간이 파닥대는 소리를 들었습니다.

이제, 나비는 허공을 날고 허물은 사그라지고 있습니다.

—「탈거脫去」 전문

자본의 이념이 지배하는 근현대인들에게 "영원"을 추상하고 꿈꾼다는 것은 가능한가? 다시 말해서 안영민 시인의 『꽃은 핀 자리에서 다시 피지 않는다』은 삶과 죽음 사이에 매개된 "영원"에 관한 담론적 사유를 진지하게 회의하면서, 근현대인의 자아를 "한계"라는 상황에 위치시키고 있는데, 우리는 영원과 한계 사이의 균열을 봉합할 수 있는가? 사람의 아들은 영원의 한계이다. 사람의 아들은 저 진리라는 절대, 즉 영원에 도달할 수 없을 뿐만 아니라, 늘 욕망의 타자로 소거되어 너 또는 나를 아포리아에 위치시키게 된다. 특히 시인의 그것은 "나에겐 아무도 대답하지 않는 세상"과 "영원" 사이의 균열을 시말화한 것인데, 대저 우리는 "말하는 사람의 한계" 너머에 존재할지 모르는 진리와 어떠한 방식으로 상면해야만 하는가? 그저 너 또는 나는 익명의 타자로 몰락한 채 "부정"과 "면죄부"(「봉다리」) 사이에서 배회하는 자본의 무기력한 광대가 아닌가? 균열은 치명적이고, 진실에 도달하는 언어의 한계는 너무도 자명하다.

시간의 내적 "회상"(「독배獨杯」) 혹은 광대무변한 "경계의 끝"(「동행」). 도대체 우리는 어디로 달려가는 영원의 타자인가? 대저 우리는 어떤 이념의 진실을 의욕하는 희망의 원리인가? "푸른 잡념"(「보이지 않는 것들과의 투쟁」)만이 저 보이지 않는 시간과 투쟁했으며, 마침내 너 또는 나를 참된 존재의 집, 즉 언어의 심연으로 인도하기에 이른다. 말이 말에 의해 해체되고, 말이 말의 결핍된 의미를 대리보충하게 된다. 시인에게 말과의 조우는 운명이고 절대이자, 너와 나를 우리로 고양시키는 "희망의 씨"다. 말만의 세상, 즉 로고스의 구성체가 너 또는 나를 우리로 매개시켰으며, 진리가 비로소 우주를 투명하게 밝히게 된다.

따라서 존재의 집으로 일컬어지는 말은 시 또는 시인이 가닿을 수 있는 "불후不朽의 집"이기도 한데, 그것이 바로 금번 상재한 『꽃은 핀 자리에서 다시 피지 않는다』가 발화시킨 언어의 진실이다. 다시 말해서 안영민 시인에게 말은 광대로 명명된 근현대인의 자아를 투영하는 존재론적 실재이자, 말이 곧 진리를 지시하는 절대적인 장소이다. 물론 그 말을 찾아 떠나는 존재의 여정 여기저기에 파열하고 뜯겨나간 인간학적인 상처들이 파편처럼 널브러져 있지만, 그 광대의 상처가 아니고서는 언어의 진실을 압박하지 못한다. 신을 잃어버린 혹은 신을 사형 언도로 즉결 심판한 근현대인에게 "허공에 집을 짓"고 "헛된 구름과 타협"하는 경우가 비일비재한데, 그것이 바로 근대 자본주의가 만든 실존의 체계이다.

따라서 추락은 필연이고, 너 또는 나는 "허무"로 점철된 물질적 욕망만을 추구했으며, 마침내 위태위태하게 외줄 타는 광대로 전락하여 천길 낭떠러지에서 추락하게 된다. "허물"을 벗어던져 존재라는 한계를 벗어나야한다. 아니 안영민 시인의 시 「탈거脫去」는 "나비"의 우화를 알레고리로 그려내면서, 인간학적인 한계 너머로 비약하기를 열망하고 있고 있는데, 너 또는 나는 광활한 "허공"을 유유자적하게 날아올라 "탈거", 즉 절대의 경지에 도달할 수 있겠는가? 상처 받은 영혼 혹은 추락이 예정된 근현대인의 초상. 대저 우리는 어디로 향하는 광대의 아득한 항해인가? 우리는 영원을 향하여 어떤 의미의 기호로 질주하는 운명의 타자인가? 아니 보다 정확하게 우리는 나비의 탈거처럼 공간과 시간의 구속이나 한계를 벗어나 광대무변한 절대적인 자유를 향유할 수 있는가? 어쩌면 상처로 점철된 근현대인들에게 탈거에 대한 희망은 하나의 가상이거나 실현 불가능한 알레고리적 현실인지도 모른다. 왜냐하면 너 또는 나는 원근법적 사유로 무장한 영원의 주체가 아니라, 근시안적인 자본의 타자, 즉 추락이 이미 예정된 욕망하는 광대에 지나지 않기 때문이다.

상처 받은 영혼을 위하여
모든 물들은 슬프게 울어야 한다

세상의 모든 꽃들은 서럽게
피어나야 하고
해가 저무는 쪽을 향하여
통곡의 소리를
내야 한다

밤들은 기나긴 깊은 침묵 속에서
뚫어진 별자리를
끊임없이 세어야 하고
물들은 흘러서
상처에 고인 아픔을
서럽게 서럽게 씻어내야 한다

—「상처 받은 영혼을 위하여」 전문

온 세상이 상처로 가득 차 있다. 자본의 세기가 환멸적인 이유는 더 이상 상생의 묘법을 이 땅위에 구현시킬 수 있는 구체적인 방법이 부재하기 때문이다. 너는 너이고, 나는 나이다. 철저하게 개인화가 되었으며, 모든 관계의 역량을 자본의 함수로 극대화시키기에 이른다. "침묵"이 암묵적으로 강요된다. 아니 관계의 분열을 조장하는 근현대의 세계에 사회적 무관심은 너무도 당연한 것으로 간주된다. 말하자면 안영민 시인의 그것은 너무도 냉혹한 기호로 변이된 21세기의 자본의 현실을 따스한 서정의 음율로 포월하면서, 상처받은 영혼에게 다가가 그들을 위무하고 있다. 따라서 시인에게 시란 구원의 언어이다. 아니 보다 정확하게 말해서 "상처"를 말하고, "아픔"을 발화시키는 시말은 시인을 특권에 위치시키는 언어의 숭고한 임무이자, 환멸의 세계상을 치유할 수 있는 유일한 방법이다.

어쩌면 시인이 발화시킨 참된 언어의 존재론적 위치만이 진실을 발설하고 "상처 받은 영혼을 위하여" "통곡의 소리"를 가슴 아프게 노래할 수 있을지도 모르겠다. 물론 자본의 이념이 철저하게 통용되는 21세기에 시의 영향사적 지평이 그리 크지 않은 것은 분명하지만, 따라서 후기산업사회를 광대처럼 살아가는 근현대인들에게 시의 숭고한 이념이 받아들여질지 의문의 여지가 여전히 남아있지만, 그러한 비관적 현실에도 불구하고 오직 시만이 자본과 그 이념의 추종자에게 정곡을 찌를 수 있는 유일한 예술적인 장르로 간주된다. 따라서 시인은 사랑과 반전을 노래한 앙리꼬 마샤스이거나 고독과 서정의 음유시인 조르주 무스타키다. 시인은 아픈 영혼을 위해 노래하는 숭고한 죄의 대속자이다. 시인은 이 땅의 모든 고통을 위무하는 천상의 사도이다.

설령 너 또는 나로 표상되는 근현대인들의 알량한 자아가 가면을 쓴 광대처럼 불안을 위장하며 스스로를 기만하고 있을지라도, 안영민 시인은 광대의 나날들에 침전된 상처를 위무하면서 혼탁한 심혼을 말끔하게 정화시키고 있다. 암묵적인 자본의 폭력에 희생당한 자본의 타자들에게 다가가 그들의 상처 받은 영혼을 구슬프게 공명하며 위무하고 있다. 함께 서럽게 아파하며 눈물을 흘리고 있다. 설령 영원에 이르는 참된 존재의 길이 이미 차폐로 가로막혀 광대의 삶 전체가 불모의 지대에 도달하겠지만, 시인 안영민은 상처의 자리에 위치한 영혼을 위로하면서 "부표"처럼 떠도는 광대의 항해를 영원히 반복할지도 모른다.

> 나는 기억되지 않는 곳으로부터 배에 실려 이곳에 왔다!
>
> —「광대의 항해」 부분

오디세이에게 페넬로페라는 사랑의 목적지가 존재하지만, 너 또는 나로 명명된 광대의 여정엔 어떤 목적이 존재할까? 꽃이 핀 자리에 다시 꽃이 필까? 아니면 죽음의 광시곡만 울려 퍼질까? 이도저도 아니면 리좀처럼 부표 없이 떠돌다 망각의 저편으로 뿌리내려 근거도 없고, 근원도 없는 미지의 시공간 속으로 완벽하게 소거될까? 너 또는 나는 영원이라는 아포리아에 포획된 채 "기억"의 피안으로부터 건너온 미망의 광대인가?

기억나지 않고, 기억되지 않는다. 모른다. 아포리아에 가닿을 뿐이다. 그저 말만이 지금을 지시하는 지면 위에 존재할 따름이다. 언어만이 영원하다. 언어만이 죽지 않는다. 광대는 외줄 위에서 추락해 사라지고 언어만이 남는다. 그것이 바로 안영민이 말하고 싶은 시말의 진실이다. 영원을 언어에 위치시키는 것 말이다.

안영민

안영민 시인은 2014년 『애지』로 등단했으며, 2016년 '문화예술지원사업' 대상자로 선정되었다. 우리 인간들은 어디에다가 존재의 집을 지어야 하는가? 자기 자신이 아버지가 되고 인류의 조상이 될 수 있는 그런 곳에다가 그 존재의 집을 짓지 않으면 안 된다.

안영민 시인은 '언어의 광대'이며, 그는 그 언어라는 외줄에다가 자기 자신의 존재의 집을 지었다. 외줄을 타는 것도 무섭고, 외줄 앞에 서는 것도 무섭고, 외줄을 타지 않는 것도 무섭다. 이 무서움은 그러나 삶의 황홀함이 되고, 그는 이 세상에서 가장 어렵고 힘든 언어의 광대로서 천하제일의 명장의 꿈을 키워 가고 있는 것이다.

안영민 시인의 첫 시집 『꽃은 핀 자리에서 다시 피지 않는다』는 두 번 다시 되돌릴 수도 없고, 기사회생할 수도 없는 언어의 광대로서의 삶의 찬가이기도 한 것이다.

이메일 : medardo@hanmail.net

안영민 시집

꽃은 핀 자리에서 다시 피지 않는다

발　행 2016년 10월 28일
지은이 안영민
펴낸이 반송림
편집디자인 김지호
펴낸곳 도서출판 지혜
계간시전문지 애지
기획위원 반경환 이형권 황정산
주　소 34624 대전광역시 동구 선화로 203-1, 2층 도서출판 지혜 (삼성동)
전　화 042-625-1140
팩　스 042-627-1140
전자우편 ejisarang@hanmail.net
애지카페 cafe.daum.net/ejiliterature

ISBN : 979-11-5728-212-8 03810
값 9,000원

* 후원 : (재)대전문화재단, 한국문화예술위원회
* 이 사업은 (재)대전문화재단, 한국문화예술위원회에서 사업비 일부를 지원받았습니다.